无界零售

第四次零售革命的战略与执行

UNBOUNDED
RETAIL

丁耀飞　马　英 / 著

新 华 出 版 社

图书在版编目（CIP）数据

无界零售：第四次零售革命的战略与执行 / 丁耀飞，马英著 . —北京：新华出版社，2018.5

ISBN 978-7-5166-4153-8

Ⅰ. ①无… Ⅱ. ①丁…②马… Ⅲ. ①电子商务 - 网络营销Ⅳ. ① F713.365.2

中国版本图书馆 CIP 数据核字（2018）第 100699 号

无界零售：第四次零售革命的战略与执行

作　　者：丁耀飞　　马　英

责任编辑：徐　光　　　　　　　　　选题策划：张　杰
封面设计：闻江文化

出版发行：新华出版社
地　　址：北京市石景山区京原路 8 号　　　邮　　编：100040
网　　址：http://www.xinhuapub.com
经　　销：新华书店、新华出版社天猫旗舰店、京东旗舰店及各大网店
购书热线：010-63077122　　　　　　中国新闻书店购书热线：010-63072012

照　　排：北京正尔图文设计有限公司
印　　刷：天津中印联印务有限公司
成品尺寸：170mm×240mm
印　　张：13　　　　　　　　　　　字　　数：180 千字
版　　次：2018 年 10 月第一版　　　印　　次：2018 年 10 月第一次印刷
书　　号：ISBN 978-7-5166-4153-8
定　　价：48.00 元

导言　无界零售时代的来临

对于京东来说，2017 年是无界零售的元年。在 2 月 14 日，刘强东在京东的内部邮件中再次提到了无界零售："过去的一年，在京东历史上发挥着承前启后的作用。京东正式确立了'无界零售'的战略宏图，通过开放、共生、互生、再生等理念开展产业布局，积极向'零售 + 零售基础设施的服务商'转型。"

此书，我们就是要对"无界零售"进行解读。无界零售到底是什么？刘强东认为，所谓的变革就是采取各种手段，全方位提高效率，提高品牌商的运营效率和消费者的生活效率。无界零售，是第四次零售革命的本质，终极目标是以"人、货、场"为基础，重新构建零售的成本、效率和体验，同时在线上零售及供应链、物流、金融、技术等角度，跟线下合作伙伴共同建立一种新的生态关系。

"人 + 货 + 场"是零售的本质。在无界零售的变革中，三个要素会发生巨大变化：

场景无限。场景无限一共有两个含义：一是消除空间边界，未来的零售场景是无处不在、无所不联的；二是消除时间边界，未来的零售场景是无时不有、无缝切换的。

　　货物无边。未来的商品不会拘泥于固有的形态，商品、内容、数据、服务等会彼此渗透，商品就是内容，内容就是数据，数据就是服务。卖出一款商品，既能增加用户需求，也能增加生产。

　　人企无间。消费者会更深入地参与到设计、制造、运输、分销、售后等价值链中；同时，企业更有温度，企业和消费者之间会互相信任。

　　要想提高效率，就要打破场景界线、货物界线、人企界线，联通各场景，在不同场景之间建立起衔接，通过"线上下单、线下取货""移动端领券、实体店消费"等，将各场景的作用充分发挥出来。

　　无界零售建立在互联网基础上，但远超互联网，必然会引发强大的颠覆性。在互联网电商领域高速猛进的背后，是消费者对价格的不满。互联网革命出现后信息呈现扁平化趋势，消费者可以看到其他人卖多少钱、网上卖多少钱。消费者虽然都想到线下触摸、感知、体验、跟销售人员互动，可是这里还涉及一个价格问题。经过互联网革命，渠道裂变为线上和线下，所有的价格问题都会直接出现在人们面前，消费者会做出更多更好更符合自己需要的选择。

　　在"消费者为王"时代，消费者的购物体验会变成：从线上入口、到线下体验，然后选择线上支付、线下交付，最后选择线上的售后服务。在整个购买过程中，消费者都会在两者之间自由跳跃。这种销售模式是未来消费者的最终选择，线上和线下零售企业间会产生更多的合作。

　　电商不仅是一种销售渠道，更是一种全新的基础设施；线上线下不能仅仅是竞争关系，更应该是一种共生关系。下一个10—20年，零售业必然会迎来无界零售革命。这场革命不仅会改变整个零售业，还会对零售的基础设施造成巨大影响，使其极具可塑化、智能化和协同化，继而大大推动"无界零售"时代的到来，大大提高成本、效率和体验。

如今，科技创新正在把零售业推到风口浪尖，创新的智能技术应用正在突破零售生产率边界，实现体验和成本效率的同时升级，在零售系统内实现资金、商品和信息流动的不断优化。如此，不仅可以降低营销成本，消费者也能在信息流中发现自己真正感兴趣、想了解的信息，促使消费体验得到提升。

"无界零售"的概念从诞生之日起就具备了全新的零售基因，只有从业务逻辑、购物体验、消费升级等维度发力，推动无界零售的顺利发展，才能让旧有的零售功能实现再升级，变得更专注，更穿越。

未来，将是无界零售的时代！

目 录

第一章

零售变革：无界零售的概念解读与特征描述

什么是"无界零售"

处在变革时代，第四次零售革命的实质就是无界零售。抓住"不变"的本质，主动在战略和组织的方法论上积极求变，是零售企业和时代共存、共演的必经之路。

出生于上个世纪七八十年代的人童年时可能都有过这样的情感体验：逢年过节，家长都会带着孩子到百货商场买新衣服，这是一件很开心的事。只要大人一提起要带自己到商场买衣服，年幼的我们总会欢喜雀跃很久。可是，移动互联网快速发展的今天，随着生活水平的逐渐提高、科技的不断发展，出现了众多商店、超市和卖场，零售业经历了一系列颠覆式变革，人们的消费方式与过去大不相同。传统的零售模式被打破，消费者只要动动手指，就能利用电脑或手机在网络上购得自己想要的商品。

计算能力的飞跃和智能算法的不断突破，让我们进入了智能商业时代，我们有理由相信：未来的零售必然是无界的，不管在任何场景下，消费者都能完成消费过程，所见即所得。

如今，90后等群体是消费的主力军，随着他们的崛起，消费者需求、购买行为、沟通互动方式等都跟过去有很大的不同：消费者更加重视个性的表达，对产品和零售提出了更高要求；同时，各品牌都想让消费者记住自己，为了给消费者提供最佳的消费体验，都建立了独特的商业场景，能够有效触达目标消费群。

2017年8月10日京东和百度合作，一起推出了"京度计划"，成功打通了百度近1亿活跃消费者数据和2.365亿高价值活跃电商消费者数据。通过这样的合作，不仅让京东得到了百度的一级购物入口，通过精准投放和内容合作，还能为消费者有针对性地提供他们喜欢的信息。比如：如果消费者平时喜欢购买美妆类品牌和产品，百度就会为该消费者推送一些京东美妆折扣类信息；之后，如果消费者对这些信息感兴趣，他就会主动点击、了解信息，继而产生购买行为……如此，就顺利完成了一个营销闭环。

如此，不仅可以让消费者享受到即看即得的快捷购物体验，还能极大地扩大京东的销售场景，更可以让平台商家的产品得到大面积推广。"京度计划"深入地诠释了购物场景无界化的趋势，是一种"直指人心"的零售。

从Amazon GO到无人超市，再到京东的百万便利店；从沉浸式购物AR体验，再到支持自动结账……随着技术和体验的不断升级，零售已经逐渐渗入到了生活的细枝末节，而这也正是"无界"的真正要义所在。

如今，科技创新已经将零售业推向了风口浪尖，创新的智能技术应用已经突破了零售生产率边界，不仅实现了体验和成本效率的同时升级，还跨越企业边界，在整个零售系统内实现了资金、商品和信息流动的优化。

未来，无界零售的环境是不稳定的、不确定的、复杂和模糊的。零售业也会呈现出这样几个特点：

消费者对个性化产品和服务的追求会越来越强烈，传统销售预测工具的准确率会大大降低；

零售场景会越来越分散化、碎片化，入口和流量变化的预测会越来越难；

跨界成为常态，零售与各行业相互渗透，竞争与合作的规则更加多样化，对成功因素的判断更加模糊。

零售环境的不稳定性、不确定性、复杂性和模糊性给企业提出了巨大挑战：为了应对不稳定性，企业响应就要更加敏捷；为了应对不确定性，企业就要不断收集系统、全面的信息；为了应对复杂性，企业就要重新构建组织；而为了应对模糊性，就要敞开胸怀，不断地验证可能存在的各种机会……传统的企业管理以"计划、管理、控制"为核心，自然无法满足无界零售时代的要求，必须对现有的组织模式做出改变。

未来战略决定着企业面向的场景和消费者类型，企业要将原有的业务关系打开，更加灵活地满足外部市场需求，必须对现有的组织模式进行改变。

零售的未来不是"帝国"，而是一种团结互助的关系，各参与者都要明确自己的优势，并不断优化，最终将不同的优势重新组合在一起，演化出无界零售的无界场景。

零售的游戏规则不是"竞争趋同"，而是"竞争求异"，是一种共生、互生、再生的零售生态。"无界零售"对整个零售行业的影响可以从两大层面进行分析。

一、"无界零售"对消费者层面的影响

1. 消费习惯。过去，消费是在线下进行的，消费者想要买东西，必须去超市、商场。现在的消费模式更多的是碎片化的、随时随地进行的，只要有信号、有智能设备，就能进行购物。人们的消费习惯已经发生了巨大变化，大多数人都愿意在线上渠道购物。

2. 消费时段。过去人们都在线下实体店购物，只有在正常的营业时间，消费者才能选购商品。而现在不管是白天还是黑夜，只要接通网络，都能轻松购物。比如，在"6·18"、"双11"期间，数以万计的消费者都会在凌晨进行抢购。

3. 消费场景。过去的消费场景比较单一，在商店内只能看着产品或样品进行选购。"无界零售"提出后，消费场景更加多元化、碎片化。消费者在阅读、看视频、听歌时，就能点击链接，购买自己喜欢的书籍或视频产品。同时，还可以体验O2O模式消费场景，在线下体验线上订单，或线上订单线下提货等。

4. 消费体验。随着互联网科技的发展，要想体验和了解某个产品，已经不必经过亲身体验，只要通过图片浏览、人机互动体验，就可以了解到某件商品。比如，天猫在银泰开设了"无界零售体验馆"，消费者不用亲自使用商品，只要通过虚拟试衣机及化妆间等科技产品，就能感受到自己使用该产品的效果。

5. 消费决策。过去消费者了解产品的渠道比较单一，不是通过亲戚朋友的口碑宣传，就是通过商家的宣传广告。而现在消费者购物时，首先会了解到商家的信誉度及其他消费者评价。消费者不再满足于小范围、片面的信息，而会参考"大数据"，之后再进行消费。

6. 消费渠道。过去的线上线下联合只能扩展消费渠道，没有提升消费者的消费体验。想要让消费者感受到无界零售的优势，就要将全渠道网络进行融合。无界零售是"线上＋线下＋物流"，能够将会员、支付、库存、服务等数据全面打通，大数据、云平台与线上线下商店的联合，为消费者带来了跨渠道消费的无缝式对接。

7. 支付手段。随着支付宝、财付通等金融支付平台的出现，消费者的支付手段更加多样，不再局限于现金、银行卡。消费者出门购物时，只要携带一部智能手机，就能支付。随着"无界零售"的发展，支付手段会更加多样，比如：指纹识别、面目识别、文身识别等技术也可能成为未来的支付手段之一。

二、商业层面

1. 商品呈现。过去商品的呈现方式为产品展示，甚至样品展示。现在，随着各种"黑科技"的运用，商品的呈现方式变得更加多样化，比如：图片＋文字、网红＋直播视频、虚拟现实技术＋人工直播技术、线上＋线下融合宣传，消费者可以更详细地了解商品信息。比如，在苏宁云商的线下门店中，电器上都设置有二维码，消费者只要扫描一下，就能看到跟电器相关的信息，便于消费者更好地了解产品的功能特点。

2. 商业品类。线下商场的商品要受到地理和空间等的限制，在各楼层和地段只能摆放有限的商品，体积大的商品无法在商场中进行展示。现在，线上平台摆脱了整个地理空间的限制，即使是形态各异的商品，也能放到线上店铺展示，大大丰富了商品品类。

3. 商业流通。以前产品的流通是：从厂家发出，经由省代理、市代理，再到县代理，最后才能到门店，渠道非常复杂，运转消费周期较长。如今，借助平台的辅助，商品可以直接从厂家运送到消费者手中，大大缩短了渠道，商品流通效率大大提高。

4. 商业供应链。过去都是厂家根据自己往年的经验制订生产及消费的计划，随着市场需求的变化，时常会发生产品囤积或供不应求的状况。一旦引入了大数据，厂家只要对往年数据进行分析，就可以预测市场变化，准确地制订今年的生产销售计划。利用大数据，生产商也可以对消费者需求的改变进行预测，开发出能满足消费者的产品。同时，商场、超市等卖场也能参考大数据，进行采购、备货，降低成本。

5. 商业业态。过去我国零售业的商业业态主要是批发市场、专业市场、专卖店、商超百货、便利店。网络零售业兴起后，商业业态不断丰富。线上线下融合到一起，"零售"不单单只是商品的售卖了。例如，银泰天猫合作的"无界零售体验馆"、亚马逊的新型概念店"Amazon Go"，都很好地体现了"无界零售"的概念，极大地丰富了"无界零售"商业业态。

6. 商业格局。网络零售虽然在中国发展了近20年，可是如今网络零售交易额在整个零售总额中的占比依然不太高。即使是2016年，占比也没有超过15%（中国电子商务研究中心《2016年度网络零售市场数据监测报告》显示，占比为14.9%）。提出"无界零售"概念后，线下实体店开始布局线上业务，线上平台也逐渐向线下延伸，商业格局悄然发生改变，电商逐渐变成配角。同时，流量入口也发生了变化。过去，消费者要想购买商品，只能到商场百货店购买，实物需求是商业流量入口之一，但如今实物消费逐渐向线上转移，消费者在线上也能得到餐饮、影视、娱乐、教育、体育等需求的满足，流量入口从实物需求转变为生活服务需求。

7. 商业模式。过去，零售业商业模式千篇一律，线下商场通过租金的方式，就能在地产上赚取利润。可是，电商的盈利模式却完全不同。其主要靠精细化运营赚取差价，使整个项目盈利。随着"无界零售"的进入，商业模式得到了一定程度的升级。比如，打造自有品牌、线上线下渠道融合、打造O2O模式、跨境购物等，都是商业模式升级的表现。

渠道无界：渠道融合高于零和博弈

新达达是中国最大的本地即时物流和生鲜商超 O2O 平台。2016 年 10 月 21 日，沃尔玛对外宣布：投资新达达 5000 万美元（相当于 3.36 亿元人民币）。新达达的高效物流配送能力与优质消费者同沃尔玛中国的实体门店进行深度结合，打造了生鲜商超线上线下结合的零售模式。

这是沃尔玛自进入中国以来，迄今为止规模最大、最深入的一次与电商合作：合作规模覆盖了包括广州、深圳等地的 20 多家沃尔玛门店，全部订单都由达达负责配送。合作推进力度之大、速度之快在沃尔玛的电商发展史上也是首例。

从某种层面来说，放弃自建平台，以合作的形式与新达达实现业务对接，或许是沃尔玛在华电商化战略最为明智的一步棋。主要体现在：流量、仓储、长线物流和短线配送。其中，线上流量实现了规模化，获客成本必然会远低于线下实体门店；而线上下单、统一配送的销售模式，还会大大降低企业对门店、仓储、长线物流等要素的依赖，有利于节省开店和运营成本。

通过此次合作，借助新达达的 O2O 平台和众包配送服务，就能将网上消费者与沃尔玛线下门店成功连接在一起，为消费者提供优质商品和便捷服务。也就是说，沃尔玛建立的电商形态，并不是自上而下的"淘宝电商"模式，而是以门店为基站、实现周边场景消费需求覆盖的O2O电商模式。

对于立足线下的沃尔玛来说，更需要强有力配送，实现线下门店网络与消费需求的线上匹配，缩短消费者与门店之间的时间距离，最终将商品送到消费者手中。

在过去的几年里，电商一直都想打败线下商超。中国网上零售额也是逐渐攀高，一边是电商强势占据线下零售份额，一边是线下零售大举挺进电商，传统零售业和电商之间发生着激烈博弈。2015年，刘强东提出："未来的零售不分线下线上，将是无边无界的。"于是就有了"无界零售"。之后，无论是电商，还是传统零售业，都逐渐走向理性，从高调对抗转向理性合作，比如：京东战略投资永辉超市，沃尔玛投资京东。沃尔玛战略投资新达达后，未来的大幕更加清晰化——未来的零售业必将走向无界零售。

线下线上只是渠道模式的不同，消费者才是零售业的服务对象，渠道融合远高于或超越零和博弈，必须创新和释放供应链能力，打造开放的生态，实现拥抱合作。

在电商圈，京东推崇一站式超级体验，基于自营物流能力的闭环化体验成就了京东；在科技圈，苹果推崇一致化体验，讲求一致化的客户体验，形成了类似闭环化的产品生态圈。不可否认，闭环化体验确实是打造最佳客户体验的终极之路，但是也能将闭环化体验理解为拒绝外部合作的闭关锁国，优秀的零售企业背后都有大量的供应商支撑。

从商业模式本质来看，零售业、餐饮业等众多行业都存在渠道升级的边际成本考验，不可能为了送个外卖就组建一支外卖骑手队，也不可能为了送份快递就开一家快递公司，因为大家都无法应对订单增长的不可测边际成本。

如今，社会化物流、共享出行等社会化商业模式正在崛起，大数据算法和超级计算能力的运用，创造出更多的新生产力，不仅没有增加社会资源供给，还用连接的方式创造地提高了社会效率。新达达正在做的就是这样的事儿：为线下零售商赋能，就是在创造无界零售模式。我们有理由相信，未来的零售业必然是无边无界的——超越渠道边界，形成独具弹性、利用数据驱动、开放共享的无界零售大时代。

一、消费者诉求优化

一直以来，消费者的诉求都是零售发展的目标，新零售时代，就要创建一个以消费者为中心的闭环，满足消费者需求，实现销售目标。在零售业变革的过程中，零售企业和消费者的诉求都发生了一定变化：企业的诉求是，更丰富的产品展示和交互手段，更多样化的客流入口和规模，更低成本、更高效的运营模式；从消费者视角来看，消费者的诉求是，更好的消费体验、更方便的信息获取方式、更便捷的服务。

在现阶段的风口上，无人便利店、无人货架概念相当火热。无人零售店的核心是改善客户体验，重点不是有人或无人，而是技术革新所提升的客户体验。比如，亚马逊做无人商店的出发点并不是为了节省人力成本，而是为了提升客户体验，节省排队时间，让大家更方便地购物。最好的购物就像在家里拿东西，最好的结算就是忘掉结算。

二、供应链优化

物流一旦崩溃，势必会导致供应链的断裂，由此，用其他方式来管理库存、预测价格及简化操作也就成了一项需要随时准备的工作。为了解决遇到的迫切难题，如今物流和供应链公司都在纷纷投资并转型人工智能解决方案，小型零售企业和大型零售企业都在进行机器学习、机器人技术等方面的创新。

供应链需求中，价格预测是最大业务挑战。在运输行业，价格会随着季节、月份甚至每天的不同时段、卡车行驶车道等出现波动，因此价格预测是最大的业务挑战。为了减少运输过程中的意外事件，就要收集大量的信息源，对中断造成的影响进行分析，使之能够自动纠正失误、自动处理事务。

三、全渠道融合

如今，"商品＋服务""线上＋线下""零售＋体验"等融合发展迅猛，传统商业与网络零售相得益彰、相互渗透，线下网点渠道资源、商品品牌和服务优势与互联网、大数据等电商新技术新应用已经有效结合在了一起。

传统零售企业与电商积极合作，采用"电商＋店商"的融合联姻方式，能够大大加快合作的步伐。比如：2014 年初阿里集团以 53.7 亿港元入股银泰商业集团，成为最大股东；2015 年 8 月阿里拿出 283 亿元人民币投资苏宁云商集团，成为第二大股东；同年 8 月，京东入股永辉超市，获得股份 10%。2016 年 6 月，阿里和苏宁围绕"品牌商、零售商、消费者"，实施了"三体贯通"战略，推动了战略合作的升级。

同时，无人零售，连锁便利店、智能售货柜、办公室货架、自动售货机、SPA（自有直营品牌）、盒马模式也大量产生，销售渠道更加多元化。

四、运营模式升级

大数据和人工智能时代，充分利用人工智能技术，完全可以实现数据驱动的零售运营模式。通过线上平台、线下数字化智能设备等，就能实现全渠道信息共享；定位于消费者个人，就能从交付端、服务端和商品端等方面打造独具个性的消费体验。

比如，淘咖啡的人工智能零售终端，用人工智能技术构建了一个消费者消费数据平台，通过消费者画像、店内热力图等，就能对消费行为进行分析，形成一个无界零售管理平台。

笔者认为，随着经济的深入发展，消费体验的不断升级，需求个性化、服务产品化和场景体验化必然会成为无界零售模式的核心要素。对于消费者来说，"无界零售"所呈现的专业性、安全性和便捷性是吸引他们参与购物的主要动力；而对于零售商家、加盟者来说，"无界零售"首先打破了传统的商业价值模型，不论是交易价值、服务价值，还是沉淀下来的使用价值，都有利于商家在激烈的市场竞争中抢占先机，取得长足发展。

营销无界：无界零售时代的价值链重构

"无界营销"是针对无界零售时代、营销价值链中多方关系的变化提出的新营销概念。随着消费者获取信息和商品方式的改变，随着 AI 技术驱动下的消费者逐渐成为营销价值链的中心，营销解决方案也必须发生升级。

2017 年 10 月 17 日北京举办了"京东零售创新战略暨 11·11 全球好物节启动发布会"启动仪式。为了应对无界零售时代的来临，京东对原有营销解决方案进行了整合与升级，推出了无界营销的六大板块产品：站内营销产品、京东开普勒、东联计划、京 X 计划、市场朋友计划和京腾无界零售解决方案。这六大产品组合围绕场景的无界、营销与传播的无界、营销价值链的无界等展开，提高了品牌商的运营能力。

在无界营销时代，京东推出的无界营销产品矩阵，是京东为品牌商赋能的营销方法论。

京东超级品牌日等营销活动，以"放大品牌的影响力"为重点，用 68 款优质营销产品赋能品牌商。例如，在超级品牌日期间，京东和品牌商展开合作，一起推动了营销活动的开展；京东引入站内外流量，实现了营销产品的模式化和产品化。

京东开普勒，深耕京东站外的多元化场景，满足了消费者多场景购物的个性需求。具体过程是，京东在品牌商官网或信息流广告及其他场景中为品牌商赋能，接入京东开普勒，实现品牌在各场景内的销售。通过京东营销资源与品牌营销资源的深入融合，实现了品效的合一，取得了事半功倍的营销效果。目前，与京东合作的品牌商已有200多个，覆盖渠道包括腾讯、爱奇艺等多个线上平台、中央及地方电视台。

京 X 计划是：品牌商通过京东投放到 X 媒体，通过数据分析与共享，帮助品牌商实现精准投放，获得更好的 ROI（投资回报率），同时降低广告成本。目前，京东已经与腾讯、今日头条、百度、360、网易和搜狗等媒体展开了深入合作，几乎涉及全部互联网消费者；通过数据壁垒，将数万家商家成功连接在一起，很好地实现了营销诉求。

京东联合京 X 计划合作伙伴，不仅组建了精准的消费者洞察数据库，还向品牌厂商分级开放了京东站内营销产品，同时获得了品牌商在媒体年度框架中购买的广告流量。如此，只要采取这一计划，品牌商就能得到媒体的流量资源和京东站内的营销产品，得到精准消费洞察数据库的强力支持，全面节省营销预算，提升 ROI；京东可以引入更多的流量源泉，得到媒体在移动端应用场景和消费者需求洞察方面的加持；京 X 计划成员则能免费得到京东站内营销产品和购物数据，获得品牌商的信任与合作，一举三得。

京腾无界零售解决方案，以腾讯社交、内容体系和京东的交易体系为依托，为消费者提供了丰富、精准、个性化的信息资讯，实现了会员权益在线上和线下的打通共享，消费者不管身处哪个场景，都能体验到高度一致的服务体验，更能得到统一的品牌形象感知。

从本质上来说，京东推出的营销解决方案，基础就是营销价值链的无界、传播与销售的无界、场景的无界等。如何理解这一点呢？

一、传播与销售已经没有界限

过去，零售行为和传播行为是分别在不同时间、场景中独立进行的，如今这一情况已经发生巨大改变。企业无界零售解决方案，不再以营销资源为中心、以消费者为基础，而是以人为中心来调配资源。比如，通过"市场朋友"获得京X计划伙伴的流量支持不是最重要的，最重要的是将京东的购物数据与移动端场景的消费者习惯洞察深度融合在一起。

资料显示，随着新生代消费群体的崛起和信息碎片化时代的到来，在碎片时间完成的消费行为越来越多，同时消费者购物场景也逐渐呈现去中心化趋势。电商的快速发展加速了"人、货、场"等关系的变化：过去看到广告后消费者才会产生购买欲望，进而在实体店铺完成购买行为；但现在很多人在看新闻、刷朋友圈的同时，便已完成了多次购物行为。这就告诉我们，在营销活动中内容与商品只有实现无界融合，才能在媒体平台上通过消费者群体洞察将营销活动精准地送达出去。

二、场景已经没有界限

互联网技术的快速发展，极大地改变了消费者获取信息、商品的方式，消费者碎片化阅读和碎片时间购物已经成为重要的发展趋势。近年来各权威机构统计的数据显示：消费者在资讯平台、微信和社群渠道的购物占比日趋提升，去中心化购物趋势日趋明显。在信息和商品过剩的时代，为了提升营销精准度和销售转化率，就要打通各场景数据，更精准地识别消费者身份和习惯。

随着消费者购物行为从单一的购物平台转向阅读、娱乐、社交等全场景，企业营销活动必须从单个的购物场景转向消费者行为的全场景。比如：面对互联网时代消费者行为的变化，京东推出了京东开普勒等营销产品，通过与今日头条、百度、值得买、翼支付、爱奇艺、中国农行等平台深入合作，为消费者提供了约 20 种购物场景。

三、价值链已经没有界限

随着传播与零售场景的无界化发展，重新塑造消费者、媒体、品牌商和零售商的价值关系，已经成为营销升级的关键。过去，营销价值链基本上都是单边关系，品牌是通过媒体传播来推动品牌价值实现的；同时，跟零售商一起来推动销售价值的转化。可是，在这个过程中，品牌商在媒体投放品牌营销与在电商投放的实效营销并没有发生联系。京东推出的"市场朋友计划"，就能帮助品牌商实现品、效的深度结合。

无界营销建立的基础的大数据时代的到来、人工智能的发展、零售业态的革命，这是一个面向未来、以消费者为中心、以数据为基础的营销理论。零售企业完全可以通过"市场朋友计划"，打通消费者、媒介、品牌商与零售商相对独立的价值实现路径，将其进化成一个以消费者为中心、彼此融合、不断外延、无边界的营销价值链。

运营无界：无界零售时代的产业链重构

下一个 10~20 年，第四次零售革命必然会推动"无界零售"时代的到来，成本、效率、体验等也将实现升级。2017 年 11 月 1 日，京东发布了汽车无界服务战略，大力挺进 B2B 领域，通过对货流和信息流的重构，彻底打通了汽车后市场品牌商、经销商、维修方、消费者等之间的全产业链条，赋能上下游，对产业结构进行了重构。

在发达国家成熟的汽车产业链中，汽车后市场占比通常能达到 50%~60%，而我国目前只有约 10%。面对巨大的市场空间，众多商家纷纷涉足。行业统计数据显示，目前市场上，在 4S 店体系外，一共有 40 多万家汽车维修服务店，数量远超需求。可是，拥有二级以上资质的汽车维修店还不到 10%，服务质量远没有达到消费者要求。同时，服务力过剩，行业竞争异常激烈，发展困境频显。

汽车用品的选购需要具备一定的专业性，对于普通消费者来说门槛较高；再加上，市场上维修点众多，无法正确辨别服务水平，消费者无从下手。对于行业来说，一方面，复杂的分销层级和零散的市场销售让品牌厂商无法准确掌握产品的销售情况，盲目制定生产目标，致使经销商层层压货；同时，在汽车配件经销商、分销商面临库存问题时，修理厂却找不到配件，车主只能苦等数月……因此，行业成本居高不下。

2012 年京东开始涉足汽车用品领域，如今已经跟 5000 多个品牌进行合作，内容涉及维修保养、车载电器、美容清洁、汽车装饰等多个品类，为消费者提供海量的高品质商品。

2014 年京东汽车用品上线"车管家"系统，共包括 2.8 万多个车型，可以完成近 10 万个零配件的相关匹配。消费者只要输入自己的车型信息，就能自动匹配相关产品，大大降低了汽车用品选购的门槛。2017 年，京东组建了一支汽车用品专属客服团队，客服具备丰富的专业知识，可以为消费者提供一对一的帮助和指导，帮他们解决各类问题。

此外，汽车用品还是一个商品与服务保持强联系的品类。从消费场景来看，很多时候消费者的需求并不是简单地购买汽车用品，而是更换、安装相应的产品。于是，京东汽车用品便打造了"商品＋服务"一站式购买的消费体验。在京东购买商品时，消费者就能到就近或方便的门店享受安装服务。

2017 年以来，京东汽车用品已经跟德国马牌、3M、凯驰、博世、风帆等众多知名品牌达成战略合作，不仅丰富了商品品类，还联合品牌的线下服务网络增强了线下服务能力。截至目前，京东汽车用品已在全国范围内与 3 万多家门店建立了合作关系。

此外，"双 11"期间，京东汽车用品还围绕"商品＋服务"推出各类活动，在购买京东自营的轮胎、机油、刹车系统配件、滤清器、行车记录仪等需要安装的产品时，消费者还能享受线下免费安装的优惠。

在新技术基础上，B2B 业务会重构货流和信息流，与京东合作的品牌商、经销商、维修方都会实现生产端能力与消费端需求的直接链接，降低产品流通的滞后性，优化库存周转率。京东对品牌商、代理商和维修方全面开放供应链整合能力、技术能力和物流能力，消费者可以为自己的爱车建立"病历本"，系统内的所有门店通用，方便对爱车进行维修保养。

随着互联网的发展、信息获取速度的加快，以及市场培育周期的缩短，消费者对行业的了解越来越深入，同时供给端所提供的汽车服务市场服务内容及渠道也逐渐多样化。传统企业本身固化的服务和产品模式已经无法满足消费者多样化需求，再加上政策鼓励、各层级的独立后市场兴起、市场参与者众多，为了满足老百姓近便、个性化、多样化的需求，商业领袖级的企业就要快速进入服务市场。

在无界服务战略下，企业要通过全面、规模、透明的信息系统重组产业结构，打通服务市场 B2B2C 的链条，最终优化供应链和渠道的资源配置。未来，零售生态将是共生、互生、再生，品牌商和零售企业只要将注意力放在自己最擅长的事情上，例如将产品做到极致、将场景（体验）运营到极致，就可以将其他环节交给零售基础设施的服务商，打造出最佳解决方案。企业要努力成为零售基础设施的服务商，为社会提供"零售即服务"的解决方案。

如今，很多零售企业虽然也知道自己在产业链或产业价值链中的位置，但却不知道如何解决这一问题；明知道企业处于产业链中的底端，却无能为力。主要原因并不是资金问题，而是思维方式出了问题。要想成功地重构产业价值链并获得新的竞争优势，首先就要对所处产业价值链进行分析。

第一个问题：现在哪个环节最赚钱？

这个问题的答案，会让零售企业了解到：在自己所处的产业中，最具价值创造潜力的环节是什么？一般情况下，越需要核心技术和精确设计的环节，越赚钱。当然，这些环节往往也需要更多的资金和精力投入。小米之所以能在2013—2014年创造出利润奇迹和销售奇迹，一是因为充分利用了互联网技术，二是因为对智能手机价值链的深刻理解。雷军不仅知道乔布斯对苹果价值链的重构核心，还非常了解中国人，特别是90后的消费习惯，便重点设计了智能手机生态链，把制造环节甩出去，鼓励90后消费者参与到产品的设计迭代中。

第二个问题：消费者愿意为不同环节付费的排序？

整个问题简而言之就是，抛开业内眼光，从消费者的角度看，他们首先愿意为哪个环节买单。设计、技术、制造、物流、品牌？一般情况下，消费者都愿意为体验感强、与自己直接相关的环节买单。因此，要想赢得消费者的认可，就要开发让消费者尖叫的产品、体验感很强的产品。因此，不仅要关注时尚潮流，还要重视应用场景，这两点也是产品创新的关键。

第三个问题：现在投入的环节是否最具价值？

这个问题是上一个问题的延续。经过分析，如果发现投入环节正是最具价值的或下一阶段可能最具价值的，就值得继续投入。比如，德国的西门子、宝马和美国的通用电气、微软等对于智能制造环节的投入，对于工业 4.0 或工业互联网的投入，就属于此类情况。虽然投入巨大，对制造环境和人员的要求极高，可是随着全球人口红利的减少、环境保护的增强、对产品品质的追求等，运用互联网技术、物联网技术、大数据、云管理等提升制造环节的智能化，不仅能加强企业对制造环节的控制，还有利于增强企业产业链中其他环节的比重。

第四个问题：现在最赚钱的环节能否转移到其他环节?

这个问题很关键，很多零售企业就是"死"在了这个问题上。在产业链中站稳脚跟后，有些零售企业就会放松警惕，甚至还会利用自己在产业链中的高端位置形成某种垄断，对竞争企业进行打压，包括运用知识产权保护的手段进行打压。如此，很容易触动国家的反垄断法律，受到重罚。比如，移动互联网盛行的时候，高通无法将自己在产业链中的优势转移到其他环节，只能眼睁睁地看着微软、谷歌、Facebook（脸书）、华为、三星、苹果等抢占产业价值链中新的制高点。

第二章

趋势研讨：无界零售的未来发展方向

未来零售生态：共生、互生、再生

2017 年 2 月阿里巴巴与百联达成战略合作，基于大数据和互联网技术，在全业态融合创新、无界零售技术研发、高效供应链整合、会员系统互通、支付金融互联、物流体系协同等六个领域展开全方位合作。在签约仪式上，阿里巴巴集团董事局主席马云说："2017 年是阿里巴巴无界零售元年，无界零售的第一站在上海，无界零售的第一个战略合作伙伴是上海百联集团。过去 18 年，阿里巴巴一直都专注于速度和创新，未来则会专注于创新的高度。"

阿里巴巴与百联集团进行的全业态、全渠道、全方位合作，主要涉及六个领域：

全业态融合创新。主要工作是：以消费者需求为核心，共同设计建设具备高效实体业态运营效率、全渠道订单处理能力、实时感知并满足消费者需求的新型零售门店，拓展智能化、网络化的全渠道布局，为消费者提供创新的服务体验。

无界零售技术研发。主要工作是：围绕新型零售门店，阿里巴巴开放人工智能、智能支付、物联网、物流技术、大数据运用等应用型无界零售技术，向社会推广复制成功经验。

高效供应链整合。主要工作是：利用线上线下收集并感知的消费者需求及行为数据，梳理并整合各自旗下商品资源，促进优质商户资源和新品的引入。

会员体系互通。主要工作是：打通双方会员体系，采用室内外人群定位、消费者画像分析、大数据支持下的营销及会员管理等，提升门店客户服务能力。

支付金融互联。主要工作是：百联旗下安付宝／联华OK卡接入支付宝，成为消费者优选的第三方支付渠道。在数据分享和分析的基础上，向消费者和供应商提供快捷、便利及多样的服务。

物流体系协同。主要工作是：双方共同开展物流规划，为消费者和商户提供服务。

无界零售是线上线下的融合，驱动力是互联网和物联网、人工智能和大数据等领先技术，能够向线上线下全客群提供全渠道、全品类、全时段和全体验。在新消费时代发展的趋势下，零售企业要积极进行战略合作，产生质的跨越，重构商业要素、重塑零售价值，共同创造无界零售模式。

"无界零售"时代，零售企业要积极实现创新与变革！

一、互联网推动现有模式的改革

在过去的十几年里，从整体上来说，中国零售企业的发展还不太成熟，配套服务还不太完善，在这种情况下，要想降低成本、提高效率、优化体验，就要垂直一体化。比如，物流服务、快递公司的物流配送速度难以保证、服务水准不高，是阻碍相关行业的一大痛点。要想提高效率和优化客户体验，就要不断地自建物流，采用一体化整合的模式。

今天，物流是零售企业极其重要的差异化优势来源，未来零售环境定然会越来越成熟：社会物流的水平不断提高、零售数据的沉淀日益丰富、基于数据的服务层出不穷……零售基础设施和今天不可同日而语。这意味着，借助现代化的技术手段，零售企业可以轻易地调动专业的商品流、数据流和资金流，无须自建。换句话说，在不远的将来，"成本、效率、体验"不再依赖一体化整合模式从企业内部求得，完全可以依靠平台化、网络化，从企业外部求得，如此网络协同也会成为实现"成本、效率、体验"的重要驱动因子。

对于零售企业而言，消费者不仅包括网上消费者、供应商和卖家，还有线上、线下的其他零售商、品牌商与合作伙伴。在过去的组织模式中，零售企业为单一的零售场景提供服务，在长期的磨合中各项业务已经形成了"你中有我、我中有你"的关系，彼此的配合度完全取决于执行力。但是，未来的零售企业需要面向多场景、多消费者的类型，需要打开原来业务之间的关系，更加标准地、灵活地满足外部市场不断变化的需求，必须对现有的组织模式进行改变。

二、未来零售生态会是怎样的

笔者相信，未来零售生态一定会越来越开放、协作。在去中心化的无界零售场景下，零售交易的核心将不再以流量为中心，会更关注交易的本质——"产品""服务""体验"和"数据"。品牌商和零售企业只要聚焦在自己最擅长的事情上即可，例如：将产品做到极致，将场景（体验）运营到极致，然后将其他环节交给零售基础设施的服务商，就能形成总体的最佳解决方案。也就是说，零售企业或个人不用做到面面俱到，只要有一技之长即可，比如产品、服务、场景（体验）或数据；之后，再积极寻找其他的长板，拼接在一起，就能实现成本、效率、体验的最优组合。

零售的未来不是帝国，而是盟国，只要各参与者将自己的长板定义清楚，并不断优化，将不同的长板组合在一起，就能演化出无界零售的无界场景。如此，零售的游戏规则不再是竞争趋同，而是竞争求异，参与者都会努力建构自己那块长板，从而在零售生态中获取无法取代的地位。

不同的长板以不同的方式组装在一起，就会构成共生、互生、再生的零售生态。其中，企业的角色是"CEO"——共创、赋能、开放，会跟合作伙伴一起推动崭新商业时代的到来。

未来零售图景："无界"和"精准"

零售业公认的革命一共有三次：百货商店、连锁商店和超级市场。20世纪90年代开始的电商大潮虽然改变了零售业的很多方面，但电商对体验和成本效率的升级还不彻底，还不是零售革命。在体验方面，纯虚拟空间的展示有一定的局限性；在成本效率方面，电商虽然砍掉了层层分销的环节，但是履约成本却很高。"无界零售"是建立在互联网电商基础上又超越互联网的一次革命！

一、"无界零售"革命的驱动力

要想判断趋势，首先要分析趋势背后的驱动因素。从历史上看，每一次零售革命都是由两股力量共同推动的结果，一个是消费的改变，一个是技术的更新。

消费的变化对零售业态造成了巨大影响，比如：城市化促进了消费者和购买力的集中，促进了百货商店的繁荣；随着工作压力的增加、生活节奏的加快，消费者对低价与便捷提出了更高的要求，引发了连锁商店的兴起；随着消费者自我服务意识的逐渐觉醒，超级市场的开架销售模式大受欢迎。

同样，技术的更新也与零售业态的改变息息相关。百货商店的背后是大规模生产、产销分离模式的成熟应用；连锁商店依靠的是统一管理和标准化运作的零售组织方式；超级市场离不开现代化信息系统（收银、订货、核算系统等）的支撑。

前三次零售革命，背后都有消费和技术的影子。它们共同作用，牵引零售业务发展的轨迹。那么，推动"无界零售"的因素是什么呢？

1. 消费变化。消费主权时代的到来，消费者越来越注重自身个性的表达。他们的关注点已经从性价比、产品功能等共性特征转向美学设计、价值标签等个性特征，对产品和零售的适配度提出了更高要求。比如，未来消费者可能都会拥有一个"个人信息账户"，账户内记录了各类个人生物信息。根据每个人不同的特点，就能为他们提供个性化的商品。

2. 人的需求更分散。未来，消费场景会越来越分散，零售企业和消费者的触点不再局限于单一商场、网站等高流量入口，会变得空前丰富。比如，消费者可以通过家里的智能冰箱自动识别鸡蛋、牛奶等常规食品的余量，自动下单；看到电视剧中喜欢的服装搭配，消费者可以随手拍照，自动识别售卖来源，并下单购买；可以一边和虚拟助手聊天，一边购买最近关注度高的时尚新品……未来流量中心的作用会逐渐弱化，购物场景则会变得更加即时化和碎片化。

3. 价值参与化。如今，消费者扮演的角色越来越积极，一改被动接受和选择，更多的是主动影响和创造，比如，爱好、身份、标签相似的消费者可以便捷地通过网络聚集在一起，形成社群，抓住机会与品牌互动；从内容创造、设计参与、决策参谋、体验分享到品牌传播……最终，消费者会融合到整个价值链条的各环节，与零售企业一起创造价值。

可以预见的是，消费变化带来的结果是：消费者需求、消费场景和商品产出会变得极其分散，为零售企业带来了非常大的挑战。为了将散乱的点有序串联起来、协同起来，企业就要不断更新技术。

二、未来的零售图景

未来的零售图景会是什么样呢？其实就是两个关键词：一个是无界，一个是精准。

1. 无界——从"N→1"到"1→∞"。

过去的互联网时代是中心化的（N→1）：N个网民登录同一个网页，网页是流量中心。未来我们会走到1→∞的时代，一个人会面对数个屏、场景和入口；流量中心会变得不重要，看重的是消费者。对于零售企业来说，未来一定是无处不在、无时不在。当购物入口变得极为分散、多变时，固守单一平台，零售商会变得脆弱，因此要充分利用新型、数字化的零售基础设施更高效地为多元场景提供服务。

2. 精准——从"大众市场"到"人人市场"。

过去，零售和生产活动是以品类和市场为单位进行管理的，关注的是大众市场，提供的是批量商品，难以满足个人的独特需求。未来的感知技术将会赋予零售企业洞察消费者个性化需要的能力，可以连接外部资源，灵活地实现个性化需求；还可以通过智能算法，使互动和交付变得更加高效。这就是说，未来的零售一定会越来越精准，无法实现"成本、效率、体验"，就会被淘汰。

无界，代表的是宽度；精准，代表的是深度。在这幅未来的零售图景里，零售企业如何兼顾拓宽和加深？一定要借助数字化、智能化的零售基础设施。说到底，只有创新的技术应用才能不断突破零售生产率边界，实现体验和成本、效率的同时升级。

在智能商业时代，未来零售的图景是"无界"和"精准"。在"无界零售"图景里，体验的升级不仅是"便捷"，还是对消费者需求的理解（比你懂你）、连接（随处随想）和实现（所见即得），消费者可以随时、随处地享受到商品和服务；成本和效率的升级会更加依赖智能技术，会跨越企业的边界，在整个零售系统内不断优化资金、商品和信息流。

未来零售"盟国"：联手打造无界零售场景

在"无界零售"中，借助现代化的技术手段，零售企业可以轻易地调动专业的商品流、数据流和资金流服务。未来，"成本、效率、体验"主要依靠平台化、网络化，从企业外部求得，要联合更多的"盟国"，合作打造无界零售场景。

2017年12月6日，央广幸福购物（北京）有限公司（以下简称"央广购物"）与克履仕国际贸易（上海）有限公司（以下简称"Clarks"）达成战略合作，计划从2018年春季开始，央广购物以中国首家电视购物平台Clarks独家代理商的身份，全球统一价格销售Clarks Cloud Steppers鞋履系列。

Clarks是全球领军的鞋履品牌，制鞋工艺长达近200年，是英国市场的国民性品牌，深受明星、艺术家和皇室成员的热捧。一直以来，Clarks中国都以线下实体店为主要销售渠道，线上销售还不太完善。双方的消费者群体高度一致，年龄和消费水准都属于中高端人群。与Clarks合作后，央广购物充分利用消费者的购物兴趣和购买行为等数据，能够帮助Clarks

近 200 年来，Clarks 的鞋履产品世界闻名，虽然品质过硬，但销售渠道较窄，无法广泛覆盖消费群体。看到现阶段中国电视购物发展良莠不齐，Clarks 最终选择跟央广购物合作，借助央广的媒体属性和消费者资源，拓宽 Clarks 的销售渠道。

要想将品牌更好地传播给消费者，首先要解决到达率问题。央广购物通过线上频道宣传短片、社群营销、新媒体提前预售，线下 2018 春夏时尚发布会、中国辣妈秀、幸福社区、幸福公社等活动，达到整合营销目的；同时，还能解决转化率问题，提高品牌黏合度，进而转化为销售额。要从品牌塑造的角度出发，提供专业化的媒体服务，Clarks 的品牌影响力和价值能够在央广购物的平台上得到更好的提升。

面对电视购物行业竞争日趋激烈的局势，面对传输渠道多元化的挑战，央广购物在"时尚"花费了更多的精力，加强了对时尚产业的横向整合，构建了以"服饰制造为基础、多种时尚产业形态协调发展"的生态圈；同时，还顺应消费趋势变化，对品牌商做出服务升级，不仅搭建起品牌商与消费者之间的桥梁，也成了零售基础设施提供者。此外，此次合作还能实现双方在全媒体、全场景、全流程、全消费者的触达与覆盖，成为"无界零售"典范之举。

无界零售，最重要的便是"无界"，不同平台的相继联合，可以消除渠道和流量的界限，实现不同场景下的数据挖掘与应用。这种平台之间的联合，打通了不同的使用场景，实现了对消费者的无缝触达，是品牌与效果从割裂走向融合的重要一步。

"无界零售"概念的提出揭开了场景式零售的一角，也体现了未来商业范式新的发展趋势。

一、场景的高度碎片化，让资源无法贯通

如今，围绕零售线上线下融合的各种解决方案层出不穷，在促进消费体验升级方面做了很多有益的尝试。可是，品牌商还有很多问题无法解决，比如：跨平台数据融合、不同场景相互贯通、线上线下交易同步等。

过去，某个品牌的消费者可以在电商平台浏览并购买商品；在社交媒体看到该品牌广告，还能去线下门店购物。但这三个场景是完全孤立的，需要在不同的场景投入不同的资源，电商的促销、社交平台上的广告、线下门店的打折等都是彼此割裂的，吸引的消费者也无法整合在一起，投入的资源无法得到最大转化，即使产生了大量数据，也无法跨平台融合。因此，不管是品牌商的成本和效率，还是客户体验，都存在较大的优化空间。

二、构建场景式零售的生态环境

消费场景是多元的，除了购物场景下的消费场景外，还有社交场景下的消费场景、阅读场景下的消费场景、办公场景下的消费场景、娱乐场景下的消费场景……这些场景高度碎片化，渗透在我们的日常生活中，单独一个平台是无法将这些场景全面覆盖的。因此，各平台之间的深度联合、构建场景式零售的生态环境，异常重要。

通过各场景内的服务平台之间的数据打通和融合，采用"社交平台＋交易平台""直播平台＋交易平台""内容平台＋交易平台"等方式，就

能实现场景贯通和交易同步，让品牌出现在所有的生活场景下，无缝达到消费者，随时满足消费者的消费需求。比如，腾讯与京东的联合、淘宝加入直播频道、小红书的消费社区营造等，都体现了这一趋势。

打造场景式消费，贯通多个场景，实现消费的"无界"体验，是零售业发展最值得期待的状态。如此，在多渠道中消费者就不会再有割裂的体验，也能帮助品牌用更有效的方式与消费者实现沟通和连接，真正转变面向消费升级时代的零售模式；止步于流量和渠道的经营，缺乏对消费场景的打通和主动构建，所谓的"无界零售"也只能是一个话语噱头，消费升级和体验升级也就更无从谈起了。

未来零售交易本质：产品、服务、体验、数据

在去中心化的无界零售场景下，零售交易的核心不再以流量为中心，更加关注的是交易的本质——"产品""服务""体验"和"数据"。

品牌商和零售企业只要聚焦在自己最擅长的事情上，将产品做到极致，将场景运营到极致，然后将其他环节交给零售基础设施服务商，就能形成总体的最佳解决方案。

一、产品

近两年零售业关店潮的新闻在众多信息中频频冒出，其实零售业面临的压力早有预期：2016 年第一季度，相关上市公司营收与利润下滑速度超出想象，54 家零售企业中，有 41 家营业额下降。代表性公司有：友好集团、中百集团、豫园商城等利润下跌了 90% 多；银座股份、新世界、汉商集团、文峰股份等利润下跌了 50% 多。随之而来的结果是，百货商场、超市卖场和品牌专卖店掀起了"关店潮"，几乎蔓延到所有的传统商业渠道，此现象到今天还没有出现减退的迹象。

不过，零售业关店潮也是一种市场经济里的好现象，企业经营不下去，自然就应该退出。其实，零售行业的产业升级早就在酝酿和进行，虽然一些行业产能过剩，但是有些领域还存在很大的需求。比如，在北京国贸区某个角落有家小免税店里，每天都人流拥挤，店员处于忙碌状态，生意越做越大。原因就在于，同等价位的化妆品，欧美日韩的效果要比国内本土化妆品的效果好很多。

随着经济增速的放缓，投资和出口的增长速度会明显回落，消费反而会相对稳健，尤其是服务类消费领域更会出现好的发展前途。行业的机会有很多，关键还是产品质量。消费者在哪里，商业就在哪里；好产品在哪里，消费者就在哪里。服务个性化时代、定制化时代，只要实体店的产品过硬、价格实惠、信息充分交流、具有健康理念、有特色，依然能存活下来，而且还会活得更好。

二、服务

随着市场竞争的日益激烈，"服务是影响消费者购买的关键因素""服务是降低经营成本的有效途径"已经成为很多零售企业的一种共识。走进任何一个大型卖场甚至小店铺，随时随地都能看到或听到诸如"消费者至上""消费者就是上帝""全心全意为客户服务""一切让消费者满意"等服务宗旨。极具讽刺意味的是，尽管很多零售企业自诩为"懂得服务"和"重视服务"，甚至服务理念也与世界一流企业同出一辙，但服务质量仍然非常糟糕：假冒伪劣屡禁不止、价格欺诈随处可见、虚假宣传不断翻新，甚至还发生过"搜身"等侵犯消费者权利的事……

零售企业的服务水平为何会出现良莠不齐的局面？消费者为何会对服务质量的评价有高低之分？零售企业到底该怎样缩短服务差距，提高服务水平？服务质量是消费者对服务过程的一种感知，是一种主观意识，如果消费者对零售企业提供的服务与其他企业的服务期望接近，满意程度就会较高，对企业的服务质量评价就高；反之，如果消费者在零售企业感受到的服务与期望差距较大，就会产生不满情绪，对这家企业的评价就会很差。

　　要想消除差距，零售企业就要制定科学的服务理念、服务标准及服务管理体系，明确服务的组织目标，解决好下面几方面的问题：

　　公司的服务理念是什么？标准化解释是什么？

　　公司的服务理念为多数员工所接受吗？

　　各工作岗位的服务操作规范化和标准化吗？这些标准科学吗？

　　服务设计是从消费者角度来进行的，还是从企业角度进行的？

　　设计的服务规范是否与消费者期望和服务理念一致？会相互矛盾吗？

　　各岗位都有科学的服务规范和要求吗？信息与流程畅通吗？

二、体验

　　无论是只有线下体验的传统零售，还是只有线上体验的传统电商，都无法给消费者创造一体化全方位的体验，这是消费者疏远它们并拥抱无界零售的最大原因。调查显示，过去三分之一的消费者在网上购物时都遇到过不良服务，近50%的人认为网上购物的服务水平几乎没有任何改善。

　　零售企业可以使用自己与消费者的接触点来提供一致和个性化的服务，

因为移动互联网高度发达的今天，零售的整体成功就在于卓越的消费体验、个人体验，以及企业了解消费者的程度。毕竟，满意的消费者是愉快的，消费者感到愉快，自然就会成为零售企业的回头客。

零售企业必须重视移动互联网的应用程序渠道，因为手机给消费者带来了极大的便利体验，已经成了极好的购物方式。如今，在25~34岁的人群中，26%的人都喜欢使用智能手机购买商品和服务。这类人不会使用台式机购物，也不会到实体店购买，企业必须在所有渠道中为消费者提供无缝客户体验，不能让消费者觉得系列服务之间是脱节的。

消费者都期望获得一个完全连接和高度个性化的体验，无界零售正是这种多渠道体验的结合体，未来这种结合体还会应用大数据和高度智能化的AI（人工智能），给消费者带来更便利、更可靠、全方位和无与伦比的服务体验。

以客户体验为中心，细分市场从消费者需求的角度来看，不同类型的消费者需求是不同的，想让不同的消费者对同一企业都感到满意，就要为他们提供有针对性的、符合需求的产品和服务；为了满足这种多样化的异质性需求，就要对消费者群体按照不同的标准进行消费者细分。

比如，苹果公司根据消费者的内在因素决定的属性，将分层的标准设定为性别、年龄、信仰、爱好、收入等。在这些内在因素中，苹果公司格外注重消费者的爱好、情感需求。其实，就是围绕消费者使用的便利性，尊重消费者的感受，了解消费者的体验。同时，苹果还专注于产品及服务的体验。乔布斯曾经看到一款厨房家电产品，喜欢上了它的设计，便让设计人员在Mac电脑上参考该家电的设计来打造。

四、数据

这个时代已经不是此前单纯的数字媒体化年代，一些商业巨头已经不声不响地运用"大数据"技术好多年，用大数据驱动市场营销、驱动成本控制、驱动产品和服务创新、驱动管理和决策的创新好多年。

大数据里包含着企业运营的各种信息，对它们进行及时有效的整理和分析，就可以很好地帮零售企业进行经营决策，为企业带来巨大的价值效益。

最早关于"大数据"的故事发生在美国第二大的超市塔吉特百货（Target）。那时，孕妇是零售商的重要消费者群体，但她们平时都喜欢去孕妇专卖店购买孕期用品。一提起 Target，消费者想到的都是清洁用品、袜子和手纸等日常生活用品，其实里面也销售孕妇需要的一切。

Target 的消费者数据分析部建立了一个模型，在孕妇第二个妊娠期就能把她们确认出来。美国的出生记录是公开的，孩子出生后，新生儿母亲就会被铺天盖地的产品优惠广告包围，因此要想抓住用户，就要赶在孕妇第二个妊娠期行动起来。Target 能够在所有零售商之前知道哪位消费者怀孕了，市场营销部门可以早早地给她们发出量身定制的孕妇优惠广告，早早圈定宝贵的消费者资源。

为了准确判断哪位消费者怀孕，Target 公司制定了一份《迎婴聚会登记表》，对登记表里的数据进行建模分析，就能发现许多有用的数据模型。比如模型发现，许多孕妇在第二个妊娠期开始就会购买许多大包装的无香味护手霜，在怀孕的最初 20 周会大量购买补充钙、镁、锌等善存片类的保健品。

　　了解到这些信息后，Target 选出 25 种典型商品消费数据，构建了"怀孕预测指数"，通过这个指数，能在很小的误差范围内预测到消费者的怀孕情况，就能早早地把孕妇优惠广告寄发给消费者。为了不侵犯消费者的隐私，Target 一般都将孕妇用品的优惠广告夹杂在其他与怀孕不相关的商品优惠广告中。根据这个"大数据"模型，Target 制订了全新的广告营销方案，结果孕期用品销量呈现爆炸性增长。

　　大数据的最大价值，是在零售策略上与大数据技术进行结合，最大限度地编制前置性的零售策略，确保销售计划的实现。大数据讲究四个"V"：数据体量大（Volume）、数据类型复杂（Variety）、价值密度低（Value）、数据更新与处理速度快（Velocity）。根据这些特性，主动地产生业务数据，同时采取相应的应对策略，就能为企业赢得更多的时间和市场策略调整空间。

　　零售企业要想获得长远发展。第一，要重视大数据的发展，把收集消费者数据作为企业运营的第一目标；第二，要对内部工作人员进行培训，建立一套收集数据的软硬件机制；第三，要以业务需求为准则，明确需要收集的数据；第四，确认在企业已有的数据基础上实现前三项目标的基础建设方案。

两条腿走路：店商＋电商

如今，许多零售实体店都在谋求改变，比如：苏宁云商将线上线下结合在了一起，银泰跟阿里巴巴积极合作。还有坚果类第一品牌三只松鼠开创了线下体验店，茵曼推进了几百家体验店，聚美优品开设了实体店……实体店跟网上品牌引领了品牌潮流的发展。

"小小包麻麻"预见到小程序的强大优势，2017年9月跟阳澄湖大闸蟹协会合作，通过线上线下联动，推出了"阳澄湖大闸蟹包妈请你免费吃"团购分享活动。同时，活动宣传还被延伸到线下，在北京地铁扩大广告宣传，营造了极佳的体验环境，拉近了小程序与消费者的距离，短短一个月，阳澄湖大闸蟹礼券就售卖了1.5万多份。

此次活动，是内容电商新模式的探索和尝试，为更多的母婴人群提供了更多更好的服务。

随着消费者收入水平的提升，消费者需求不断升级，品质生活越来越受重视，给零售企业带来了大量的市场增量。未来5～10年，80后、90后、00后成为社会主流消费群体。他们伴随着互联网经济的发展，更懂得互联网经济的内涵与趋势，对于实体零售店的依赖度相对较低。在商品选择上，新兴的消费群体更追求个性化，追求自我需求，不会盲目跟从。

互联网时代，通过电子商务平台，消费者拥有更多的选择，逛实体店时变得更加挑剔，使用传统的营销方法，已经无法吸引这类人群。习惯价格战的实体零售行业，就要及时在产品与服务方面进行革新。

纯电商和传统门店都已经无法满足消费者的购物需求，唯有线上线下的融合，才更有利于整合零售企业优势资源，打造低成本、高效率的运营模式，综合线上及线下的优势，同时弥补各自环节的劣势。

一、零售业为什么要线上线下融合

纯电商时代过去，电商会成为一个传统概念，未来会是线上线下物流相结合的无界零售模式。只有线上线下及物流真正结合在一起，才能为零售企业带来更多的收益。当下无界零售的方向在于，通过线上线下渠道的融合，寻求成本端及大数据的优势，通过商品运营的升级，满足消费者需求的变化。

首先，为什么需要线上线下融合？因为线上线下融合最大的推动力是成本。如今，无论是线上渠道，还是线下渠道，发展到一定阶段，都会遇到天花板问题，为了获得更大的发展空间，二者必须深入融合到一起，大力降低获客成本和运营成本。比如，线上渠道，十年前电商在互联网端获取交易产生的成本只有几元钱，如今却超过了百元，获客成本急速增加，各大电商平台的营销成本占总成本的比重已经达到10%~20%；线下渠道，年轻客流严重流失，线上渠道成为年轻人重要的购物场所。以天猫为例，超过80%的消费者都是80后、90后，零售商要想发展，就要赢得年轻的消费人群，充分利用线上技术，为消费者提供绝佳的体验性。

其次，为什么要实现商品运营的升级？过去十年，中国出境旅行的人群扩大，消费者对发达国家的生活方式追求传递到国内，这就是所谓的消费升级。在零售端，其表现是商品升级和运营升级，零售企业商要搭建高品质、高性价比的商品供应链体系。

二、无界零售是巨大的商业机会

对于无界零售，笔者有两个观点：线上和线上融合发展，线上线下再平衡。"双11"给实体零售带来了巨大的挑战，但是今天来看，零售企业已经比较从容和平和。当挑战悄然而至，重要的是新方法的使用。

2017年，无界零售对零售企业来说就是巨大的商业机会。无界零售面对的是消费者日益提升的消费需求，无论线上线下，最终要解决的问题是消费方式，即用什么路径、方式让消费者来到这里。

商业场景的变化可能产生一种新的好奇，所有的消费者都由好奇心驱使。零售企业必须关注到的几个关键词，即新技术、场景消费、物联网、跨界融合。

2016年，步步高逆势扩张，大力开拓南方市场，入股一家企业，开启了综合体。步步高的战略变革逐渐推进，让消费者逐渐回归了线下和家庭。同时，其还强化了线下线上的连接，实现人、服务和营销的数字化。此外，步步高创立的中国首家纯商旅文综合体梅溪新天地，还是在消费需求发生变化时找到的一个结合点。

三、未来最贵的是链接

过去做零售最贵的可能是地段，现在最贵的则是流量，未来最贵的是链接。如果人与人之间、人与物之间形成链接，交易产生时，也就是交易的开始。因为通过链接，可以把一系列商品、产品及服务输送给消费者，这就是整个平台的价值所在。

如今零售行业的消费者已经发生变化，过去在门店购物中30%的人会到线上消费、20%到其他渠道消费，比如要想买家具，就要到家居城等业态去购买，剩下50%留在门店。现在，随着消费者行为的变化，零售场景也发生了变化。过去，消费者到店下单购物，消费就结束了；而如今购买行为发生的时候并不是交易的结束，而是交易的开始。

用服务来推动消费者的发展，用社交形成消费者的过程，就是产生第一笔交易。第一次接触，通过链接服务形成黏性，形成未来消费者的再复购，以消费者为王，代表把"售前—售中—售后"形成闭环，才能在毛利的提升、成本的降低上给零售企业的价值进行增量。

对于零售企业来说，产品和服务是最主要的，但在信息高度透明的时代，必须让这些信息沉淀成数据节点，让这些信息形成人与人之间分享过程。在整个无界零售的过程中，要想将线上线下融合起来，就要突出自己在产品端、服务端和互联网技术上的优势，把优质的商品与服务提供给消费者。

第三章
创新驱动：科技创新让零售无边界

技术更新——零售革命的驱动力

新技术的出现和发展，不仅给各行各业带来了巨大冲击，也把零售业推到了风口浪尖，市场上不断地出现跟零售有关的新名词、新标签、新概念、新模式。一个明确的共识是：零售业正处在变革的前夜，暴风雨过后，整个行业定然会焕然一新，不仅会带来更多的好机会，还会颠覆一些旧模式。

但是必须看到的是，对零售业来说，变革常在、创新常在。从零售历史来看，今天我们所面临的变革和过去相比并没有什么特别，技术的应用从来都没有在根本上改变零售的本质。所以，不需要不断地用新词汇去定义一个行业。零售业的本质万变不离其宗：成本、效率、体验。抓住这一点，就能清晰地看到未来行业的机会。

零售的本质不变，那么改变的是什么？过去20年互联网只是整个零售数字化进程的一个"序幕"，互联网改变了交易端，但对供应端的影响很小。数字化进程的下一幕——物联网和智能化，对行业的改变会更加深刻、彻底。在即将跨入的智能时代，实现成本、效率、体验的方式也会变得完全不同，这也是未来零售业创新和价值实现的机会所在。

零售业会走到哪里去？下一个 10~20 年，零售业将迎来第四次零售革命。这场革命改变的不是零售，而是零售的基础设施。零售的基础设施将变得极其可塑化、智能化和协同化，"无界零售"也会如影随形，实现成本、效率、体验的升级。

一、零售的本质没有改变

零售不存在新与旧，其本质一直都是成本、效率和体验，这一点从来都没有改变过。回顾一下零售业的历史，就可以清楚地看到这一点。

第一次零售革命：百货商店。世界上第一家百货商店出现于 1852 年，其打破了"前店后厂"的小作坊运作模式，带带来了两方面的变化：一是在生产端支持大批量生产，降低了商品价格；二在消费端，像博物馆一样陈列商品，减少了消费者的奔波劳碌，使购物成为一种娱乐和享受。由于兼顾了成本和体验，百货店成为一种经典的零售业态，一直延续到今天。

第二次零售革命：连锁商店。连锁商店建立了统一化管理和规模化运作体系，提高了门店运营的效率，降低了成本。同时，分布范围更广，选址贴近居民社区，购物非常便捷。1859 年后连锁商店开始走向高潮。

第三次零售革命：超级市场。超级市场大约在 1930 年开始发展成形，开创了开架销售、自我服务的模式，创造了一种全新体验。此外，还引入了现代化 IT 系统、收银系统、订货系统、核算系统等，进一步提高了商品的流通速度和周转效率。

第四次零售革命的序幕。20 世纪 90 年代左右，电子商务开始普及。不受物理空间限制，商品的选择范围急剧扩大，使消费者拥有了更多选择。

电商颠覆了传统多级分销体系，降低了分销成本，使商品价格进一步下降。

可以看到，从百货商店、连锁商店、超级市场，再到电子商务，零售历史的发展一直都在围绕"成本、效率、体验"做文章。每一次新业态的出现，都至少在某一方面有所创新。而经得起时间考验的业态，才能同时满足成本、效率和体验升级的要求。所以，零售的本质是不变的。

零售未来可能会演化出更多新的业态，超越今天的想象，但无论怎么发展，都会紧紧围绕"成本、效率、体验"。过去是这样，现在是这样，未来定然还会是这样。

二、第四次零售革命即将来临

零售的改变是零售基础设施的改变，未来零售的业态可能会出现许多新形式，但背后的基础设施会越来越社会化、专业化，零售业会演变为互联、共享的生态。

通过上面的分析可以发现，零售业公认的革命有三次：百货商店、连锁商店和超级市场。20世纪90年代开始的电商大潮虽然改变了零售业的很多方面，但不是真正意义上的零售革命，因为电商对体验和成本、效率的升级还不彻底，比如：在体验方面，纯虚拟空间的展示有局限性；在成本和效率方面，电商虽然可以砍掉层层分销的环节，但是履约成本并不低。

第四次零售革命建立在互联网电商基础上，过去20年互联网的普及为零售业数字化奠定了良好的基础，沉淀了大量数据。再加上，近几年来计算能力的飞跃和智能算法的突破，都为零售业的智能商业化提供了便利条件。

不同于以往的三次革命，第四次零售革命将会是颠覆性的。百货商店、连锁商店和超级市场的冲击力强、影响面广、持续时间长，但从创新性质上看，也仅仅是围绕"成本、效率、体验"进行渐进式的创新。说到底，它们解决的问题无非是：第一，产品的价格能不能更便宜（成本、效率）？第二，消费者能不能更方便地购物（体验）？但是今天，消费者所期望的不仅仅是低价和便捷。比如，可能并不是商品短缺，而是选择过剩；不是价格过高，而是品质不齐；不是性能欠佳，而是缺乏个性。沿用旧思路，一味控制价格、扩张地盘，并不能解决今天消费者的痛点，必须重新定义"成本、效率、体验"。

100多年来零售业的发展一直都处于平稳状态，接下来的第四次零售革命必然会打破这一惯性，把行业带入动荡期。这是一个大浪潮，需要重新制定零售业的游戏规则。

如今的很多零售企业，早已不是所谓的"自营"电商，在零售平台与基础设施之间已经出现了价值转换：过去服务于企业零售体系的基础设施部分，随着零售生态规模的扩大，内部支撑也不断壮大，且产生了强大的溢出效应。企业理念不能仅停留在"零售基础设施"层面，前端零售业务也不能只是基础设施中的一个服务单元，需要更多地服务于第三方的零售企业和组织，为他们供信息、商品、渠道和资金服务，走向社会化、专业化。

三、科技进步是"第四次零售革命"的驱动力

纵观历史，每次零售革命都离不开两种力量的共同推动——消费的改变和技术的更新。同样，技术也是"第四次零售革命"的重要驱动力之一。

零售企业未来要面向技术转型，需要用技术改造此前建立的商业模式，打造一个包括智能商业、智能金融、智能保险业务在内的全球领先的智能商业体。零售的本质不会改变，依然包含客户体验、成本、效率。但人工智能等新技术的发展将对现有零售进行再造，将客户体验、成本、效率推向极致，并创造出巨大的社会价值。

人工智能和机器人会为零售行业带来巨大的价值。比如，偏远地区贫穷的重要原因之一是物流成本太高。那些地区一般都拥有丰富的农产品和资源，使用传统的物流方式将其运送出来，商品价格很高，消费者无法承受。无人机的出现，把物流网络连接起来，降低了成本，提高了效率。

除在物流方面探索与应用新技术外，还可以在客服领域进行创新。比如，"无人客服"将智能助手JIMI与人工客服深度融合在一起，是零售企业自主研发的一种人工智能服务产品。未来几年内，机器人依然无法完全替代人类工作，但人机深度融合的"无人客服"却能打破这种瓶颈。

过去千百年来，技术都是推动社会进步、改变社会的最核心要素。当前和未来，人工智能技术也是推动第四次零售革命的重要基础设施，即将到来的智能商业时代有利于我们改造零售业和零售基础设施。

当然，需要说明的是，互联网可以有效连接起分散的消费者、产品和消费场景，但很难实现协同。而智能商业的协同是建立在感知、互联、智能这三个因素基础上的。

感知。智能技术对场景的感应能力变得越来越强，最终使场景能够数据化，把宝贵的数据资源留存下来。感知和数据化是洞察消费者需求的基础。

互联。打通不同场景的数据，最大限度地实现数据共享，创造更高的协同价值。

智能。整个零售系统的智能化水平会不断得到提升和优化。

消费和技术就像 DNA 的双螺旋结构一样，是相互联系、相互配合的。消费端的变化代表了第四次零售革命的方向，但如果没有智能技术的支撑，一切都是空谈。技术端的更新为第四次零售革命提供了支撑，消费与技术两股力量绞合在一起，必然会带来"无界零售"的革命。

科技创新将零售业推到风口浪尖

每年"双11",电商都会完美地诠释什么是未雨绸缪。2017年的"双11"零售企业也各自竞相发力,跑马圈地,提前打响"双11"大战。在狂欢节来临前,手机或户外各大广告屏早已大肆宣传造势。电商们是年年新花样,但2017年最不同,本次"双11"电商的战场转至黑科技领地。

一、寻求流量大王,大数据支撑是首要

如果把互联网企业比作航行的船,流量大数据则是方向盘。没有数据作为支撑引导,零售企业就很难对应消费者群,无法精准定位发展方向。尤其作为电商这样消费者群数量巨大的平台,大数据不仅能够精准画像、分析消费者习惯,还能贯通线上线下,精准触达消费者进而实现精准营销。

对于大数据支撑的刚需,零售企业都采取了大措施。比如:苏宁易购"双11",双向开放了全产业到品牌商户的数据,数据更精准,实现了共赢,完成了线上线下"零时差"。继苏宁后,京东也举行了"双11"全球好物节,与腾讯合作开启了"京腾计划"。其以腾讯社交、内容体系和京东的交易体系为依托,为品牌商打造了线上线下一体化、服务深度定制化、

场景交易高融合的零售解决方案。

二、探究科技创新，无人领域是重心

数据支撑提供了该往哪儿走，那该怎么走以什么方式走同样是零售企业发展的关键一步。当然，既然是互联网企业，必须离不开智能科技化运营，尤其在当下这样一个黑科技时代，科技创新是趋势。

顺应这种趋势，无人领域成为零售电商争夺的战场。苏宁在"双11"发布会上亮相了与科沃斯合作研发的智能导购"旺宝"机器人，以机器人为核心的智慧导购可以帮助消费者精准推荐购买习惯，对消费者数据能够过目不忘。同时，视频导购还会为消费者实现一对一式服务，解决购买或售后等可能出现的痛点。

未来，智慧零售机器人将在多种场景为苏宁消费者提供智慧导购、展厅导览服务，并深度参与到苏宁"V购"体系中，根据预约接待VIP消费者。

三、开启无界零售，场景、交易同步实现

大数据对于零售电商的意义，不仅是精确人群，更突破了有界零售，实现了无界零售。

零售业经历了一系列颠覆式的变革后，消费者的购物方式已经发生巨变，传统的零售模式正在被打破。在人类进入智能商业时代的过程中，零售将是无界的，不管在任何场景下，都能完成消费。

通过社交媒体和电商平台的完美连接，一方面，能够降低营销成本，销售于无形中；另一方面，消费者也能在信息流中，得到自己真正感兴趣、想了解的信息，提升消费体验。

无界零售，无界是表，智能是里

如今，人类已进入智能融合一切的时代，AI（包括具象的机器人等）已经像空气、水、电和互联网一样，成为人类社会的标配。"无界零售"的提出，就是响应了智能时代。

以"界"划分，移动互联网时代基本上可以称为跨界时代——互联网思维跨界引领手机、电视等硬件制造行业，移动出行、移动支付和各种各样的O2O创业潮，初步颠覆了相应的传统行业。智能革命时代，跨界的趋势必然会得到进一步深化，在零售业中率先发力，不仅实现了线上和线下的连同，产品、营销、服务、内容也实现了全面融合……一言以蔽之，智能融合一切的无界时代已经来临。

就京东来说，京东生态（包括零售、物流、金融等）产生的海量数据优势，是其在智能时代拔得头筹的先天优势。这一点，也是京东与腾讯能够达成合作，进而实现强强融合的势能升级，最终充分赋能商家、服务消费者多样化需求的源头活水。

面向消费者，在京东倡导的无界零售中，需求个性化、场景多元化、价值参与化将是三大核心；而面向商家，"京腾无界零售"能够帮助各品牌真正解决购物场景即时化、碎片化所带来的信息孤岛化问题。

其实，商家的信息孤岛，也是消费者精准触达消费对象的一大痛点。无界零售方案带来了多场景下的海量数据、服务标准的贯通融合，最直观的影响就是提升了消费体验，提升了零售企业带给消费者的整体感和品牌调性。

传统零售是有界的，而智能时代的零售是无界的，其根本还在于网络拓展时产生的数据价值裂变效应。在传统的工业、商业时代，供应链和价值链是垂直的、封闭的、线性的，即使是互联网发展的早期，通信和硬件技术也缺少对时空的穿透力。因此，数据在规模、维度上都存在一定的局限性，而在互联网开始渗入人类生活的移动互联网时代，消费端的数据则呈现出几何级数增长。

智能时代，数据经过必要的挖掘，已经具备贯穿和重组传统价值链的穿透力，在一张由数据连接的庞大智能网络上，各网络节点间的数据交流更加智能，足以改变传统的无关联或弱关联状况，继而产生巨大的价值裂变。

"无界零售"作为零售企业对智能时代的响应，必然会涉及多个端面的深度融合，带来可观的价值裂变效应。比如：供应链方面与供应商、品牌商打通数据；更深层的研发端，与科大讯飞等技术厂商打通数据，推出新的智能硬件，拓展消费场景；在客户体验端，大数据、黑科技加持下的全场景精准促销也在打通……所有这些界限的融解，都将使零售企业的海量数据在流动中产生裂变价值。从更长远来看，智能化应用的突进以及技术的长远定位，正在持续拓展无界零售的生态链布局。

无人店的出现和流行，有些企业是为了做实验和摸索，零售企业要制定相应的低门槛易推广方案。不仅要突出技术自信，还要体现出零售企业的生态优势。例如，无人超市项目在零售企业内部由几大事业部联合推动，能在外部进行生态资源的整合，因此除了自己开店外，还要协同传统线下超市、便利店、地产商等社会资源推动项目的落地；不仅电商要发挥生态链整合的作用，物流、金融等也要参与进来。

生态优势是零售企业的核心优势，无界零售的思维更便于企业把这种优势发挥到极致。传统商业受制于成本和多种局限，人的活动能产生和使用数据都是少量的，对数据的应用更多是被动应用；而在智能时代，虽然传统线下商业依然比较被动，但移动互联网时代的数据铺垫、跨界效应必然会进一步展现出商业前景。数据驱动下的社会和商业变迁，正在飞速造就一个消费、社交、娱乐、生产等无隔阂、去痛点的无界时代。

零售基础设施扮演重要角色

零售的本质没有变，那么什么在发生改变？笔者认为，是零售的基础设施一直在升级换代。

一、零售的改变是零售基础设施的改变

零售的本质没有变，零售的基础设施一直在升级换代，不断改变"成本、效率、体验"的价值创造与价值获取方式。

准确地说，"零售基础设施"这个概念是京东提出来的，以前并没有。为什么要提出"零售基础设施"？其实整个零售系统的进化说到底就是信息、商品和资金流动效率的升级，在这个过程中有个趋势：信息、商品和资金服务的提供者一步步走向社会化、专业化。

在最传统的"前店后厂"小作坊模式中，不存在公共基础设施。该生产什么？生产多少（信息）？怎么把原材料运到店里（商品）？钱不够了向谁去借（资金）？这些问题通常依赖店主的一己之力去解决。随着现代商业的发展，信息、商品、资金的流动开始逐渐转移到外部，由第三方公司提供专业化的服务。比如：金融体系的创新解决了一部分资金问题。互

联网金融出现后，进一步简化了程序、降低了借贷门槛。

在信息流方面，沃尔玛的 Retail Link 是一个重要里程碑。20 世纪 90 年代，沃尔玛建立了一个与供应商共享的零售数据分享平台（Retail Link），将销售、库存、门店数据等与合作的供应商进行共享，帮助他们优化了商品的生产、配送、定价、促销等活动。这标志着，零售数据不再是某个企业的专有资产，而是一种公共资源。

商品流动方面，物流也从自有走向公共服务。早期很多制造商、销售流通企业都是自建仓储设施，配置自有车辆和司机。第三方物流公司出现后，不仅实现了规模经济和专业性，还促进了专业分工，生产和销售商将物流外包出去，自己能够更加专注于核心价值的创造。在电商物流方面也有同样的趋势，比如亚马逊推出的 FBA（Fulfillment by Amazon）服务，就将专业的第三方物流服务覆盖到消费者端，实现了规模经济和效率提升。

由此可见，在信息、商品和资金流动效率提升的背后，是一套越来越社会化、专业化的服务系统。社会化是专业化的基础，通过社会化能够更好地实现规模经济和网络效应，提高专业化的水平。最终，信息、商品和资金流的服务会变成像水电煤一样的公共基础设施，将零售业的成本、效率、体验推向新的层次。

二、未来零售基础设施的基本特征

零售基础设施在未来的"无界零售"图景里扮演非常重要的角色，是串联起消费变化和技术更新的重要载体。未来消费的需求和场景会变得极为多元、分散，零售企业需要一整套覆盖信息、商品和资金流的全新支撑体系。当这套体系是公共的基础服务时，能够更有效地实现资源的统一协调，最大化共享的价值。

比如，零售企业都很重视消费者研究，都会做消费者画像。但是，企业得到的信息都是碎片化的，每家都只得到一部分信息，无法拼凑成一幅完整的画像，对消费者的理解非常有限。通过数据的协同（零售基础设施之一），能全面覆盖一个消费者，了解他的偏好和消费场景，消费者画像也会变得非常准确。这就是公共基础设施的价值。

为了更好地实现资源的统一协调，未来一流的零售基础设施应该具备三大特征：可塑化、智能化和协同化。

1. 可塑化。零售的基础设施具有很强的适配能力，能够满足不同合作伙伴的不同需要。比如，既能满足大型综合电商的供应链管理需要，又能适配个人微商／网红的电商业务。这就告诉我们，基础设施的服务商一定要有开放的心态和灵活的组织，还要具有制定和执行服务标准的号召力。

2. 智能化。零售的基础设施要依托数据和数据算法，输出智能化的解决方案，不断提升零售系统的整体效率。智能化是全方位的，从采购端、物流端、消费端到服务端都有着巨大的提升和服务空间。因此，一流的零售基础设施服务需要覆盖全链条数据，具备零售领域的专业知识，更有效地对外赋能。

3. 协同化。信息、商品、资金流服务的组合可以互相强化，形成合力。比如，数据＋金融＝更低的坏账率，物流＋金融＝无缝的供应链金融服务，数据＋物流＝更快的周转率和更低的库存。不同服务的组合能带来不同的附加值，未来一流的零售基础设施服务商一定会走向"软硬结合"：既要贯通数据和金融，又要干得了物流的苦活、脏活、累活。

随着可塑化、智能化、协同化零售基础设施的完善，零售未来的生态必然会彻底发生变革与重构。零售基础设施一定是开放、赋能的，要融合在一起，共同发展。如此，不仅会影响消费领域，还包括流通领域，最终给整条供应链（从订单到生产、到终端，再到消费）带来巨大的变化。

无界零售时代的黑科技冲击眼球

"双 11"原本是一个令人忧伤的光棍节，但是近年来众大电商平台却成功地将其转化为一个全民狂欢节。多年来，"双 11"从光棍节演变为剁手节，再从 24 小时的狂欢日发展为十多天的购物节，消费者也在消费行为、理念、品类、渠道等方面发生着翻天覆地的变化。

相关数据显示，2016 年"双 11"天猫在一天内产生了 6.57 亿个订单，创造了世界纪录。种种数据显示，如今的"双 11"已经不仅仅是全球电商市场最重要的年度促销日，更是集购物、娱乐、文化于一身的终极体验式狂欢。

一、无界零售时代，京东物流打出王牌

2017 年京东"11·11 全球好物节"从 11 月 1 日开始，持续至 11 月 12 日。在此期间，京东秉持全面拥抱"无界零售"的战略思维，物流方面打出"无人科技""多样服务""数据驱动""协同开放"等四大王牌，从供应链端为行业、品牌商和消费者带来一个真正无界的"双 11"。

过去是物流服务于商流，如今无界零售革命序幕已拉开，物流不仅要起到拉动商流的作用，更要贯通于商流，成为商业价值创造的源泉。在这

一趋势下，以供应链创新，必然会赢战这个全球好物节。

目前，有些零售企业已经实现了仓储、分拣、运输、配送、客服等全供应链环节的无人化。大促期间，无人科技的使用必然会更加广泛和深入。同时，为了满足消费者精准化、个性化的购物需求，企业物流还实施了迅雷计划、零点行动、四色标签、通途计划等，管理更加精细化，生产更加灵活高效，为消费者带来了极速的送货体验。

未来，短链化供应将成为物流的发展趋势。2017年"双11"，京东物流还专门为农村消费者打造了全新的购物体验新模式——"京东帮移动仓"，凭借京东的大数据和大件供应链优势，将适合农村市场消费的大件商品提前备货并部署到离消费者最近的"京东帮服务店"中。消费者下单后，就能直接实现免费"货到村"的快捷交付，最快3小时到达，解决了村里消费者的痛点。此外，有的零售企业还整合了各大品牌商、门店等社会化资源，实现了商家线上线下库存共享。

值得一提的是，京东还与沃尔玛合作了试点"库存互通"。"双11"期间，遍布全国各地的沃尔玛超市变成了京东仓库，消费者订购商品，只要周边沃尔玛实体门店有货，京东小哥就会迅速取货并送货上门。

二、黑科技助力供应链，无人仓、无人货车、无人店璀璨登场

2017年"双11"，京东一口气推出了包括全流程无人仓、无人货车、无人超市、无人便利店、智慧供应链开放平台等多个黑科技产品，集中展示了零售企业在未来无界零售当中的技术创新和科技布局。

"双11"期间，无人便利店和无人超市正式开业。在无人超市，消费者使用企业 APP 刷脸入门后，就能利用商品的 RFID 码，自由结账。整个购物流程无人看护，消费者挑选商品后，就能通过结算通道走出超市。

除了无人店之外，全球首个全流程无人仓，也于 2017 年"双 11"期间在上海投入使用。全流程无人仓真正实现了从入库、存储到包装、分拣的全流程、全系统的智能化和无人化，并且具备日处理 20 万单的惊人能力。

其实，早在 2017 年"6·18"期间零售企业就已正式运营了无人机、配送机器人，运营范围进一步扩大。

三、腾讯助战京东，首推"京腾无界零售"解决方案

2017 年"双 11"大战，京东拉来了重磅合作伙伴腾讯，牵手联合推出赋能品牌商的"京腾无界零售"解决方案。该方案的亮点在于基于消费者在京东上的交易习惯、腾讯对消费者社交行为特征的深度洞察和品牌商的线下购物数据，为消费者定制高水平的营销活动与服务。

该方案主要包括如下几个方面：

1. 购物场景下，全面整合线上购物、线下购物、媒体社交大数据；

2. 由腾讯、京东和第三方软件开发商一起组成服务生态，为品牌商设计专属的营销活动，实现线上线下一站式营销推广服务；

3. 将品牌商、京东和腾讯给消费者的权益整合在一起，比如：品牌商给资深会员提供线下全品类 8 折会员卡，能在京东上同步使用；每逢促销，京东为消费者提供的优惠券能够在该品牌线下店使用；

4. 开放品牌智能移动化广告投放能力，品牌商可以在腾讯和京东的场景中直接接触潜在消费群体；

5. 实现微信小程序＋京东零售科技模块化能力输出，实现品牌商、京东和腾讯的深度融合。

此外，京东还在大会前宣布和搜狗达成了战略合作。加上之前京 X 计划中的腾讯、今日头条、百度、奇虎 360、网易，京东已与国内互联网行业的几大"流量天王"结盟，触达近 100% 互联网消费者，打通数据壁垒，让商家获得革命性的营销升级。

未来零售的大门已经打开，"无界零售"将给零售行业带来更多深远的变化。零售企业要以开放的姿态输出多年累积的经验技术、金融能力，赋能品牌商，回馈消费者，与整个行业一起共创、共享价值。

第四章
无界零售时代的产品：把握产品支点，重塑商品与人的关系

以互联网为桥梁重塑商品与人的关系

随着无人便利店的风靡，有关无界零售的概念已经对当下的商品销售模式和商品消费模式造成巨大影响，最终导致人们以为无界零售就是当下的无人便利店。作为一种从线上回归线下的存在，无界零售绝非当前这般简单，人们对于无界零售认识的不断深入，会逐步颠覆对于无界零售的变革，充实无界零售的内涵和概念。比如，线上的淘宝、天猫、京东等，线下的永辉超市、三江购物等，都在用实际行动证明着无界零售风口的到来。

无界零售，是一个能破解电商痛点的存在，能够在电商的发展路径外找到一个全新的发展思路。目前看到的有关无界零售的模型只是它的初级状态，随着人们对无界零售认识的逐步深入，概念会变得更加充实，甚至还能颠覆过去对于无界零售的原有认知。

一、风口之下，无界零售呈现多元的发展状态

随着移动互联网时代的结束，人们的消费方式和行为习惯已经发生了根本性改变，用传统的思维模式来面对新环境下的消费者，显然有些过时。

无界零售便是在这样的背景下产生的，由于人们对于无界零售理解的不同，当下的无界零售发展也呈现出多元化的发展状态。

传统电商巨头的转型是无界零售发展的一个主要方向，主要原因就在于，电商领域开始出现了增长疲软和转化难度增大的市场状态。随着消费者对线上购物的依赖，越来越多的商家开始通过线上供应的方式来提供商品，线上商品越来越丰富化。

以各种节日为主要噱头的购物节，消费者已经觉得不新鲜，由此所触发的购买行为越来越少。只将商品放在网上，而没有对商品做出对应的改变，已经无法满足消费的升级时代的消费者需求。放弃国内市场转而选择国外市场，成为很多消费者的主要选择，这就大大推动了跨境电商的火爆。为了满足消费需求的不断升级，零售企业必须将新的手段和方式充分利用起来，用新的营销方式来刺激消费者消费。

如今，除了传统电商外，以永辉超市、三江购物为代表的线下商超也将目光转移到了无界零售的领域。尽管近些年，线下商超的生存空间受到了线上电商的不断挤压，但是它们依然坚持着自己的优势，积极布点线下，强化供应链管理，强化了自己线下消费的地位。

同时，线下的实体商超已经开始主动拥抱互联网，将商品搬到线上，逐步弥合了线上购物和线下购物间的鸿沟，顺利打通了线上与线下。因此，传统实体商超在与电商的缠斗中也摸索出一套属于自己的特殊打法。

线上购物平台与线下实体商超对于无界零售的不同理解，让两者走出了一条符合自己发展需要的发展道路，无界零售也呈现出了多元化的发展状态。正如天猫和淘宝一样，无界零售的发展模式同样也会呈现出这种变化。这是无界零售风口来临的主要标志！

二、重塑商品与人的关系，无界零售时代成败的关键所在

纵观电商时代的发展脉络，我们不难看出，无论是传统零售还是电商零售，所要解决的一个主要问题都是——商品和人的关系。如何借助新手段来重新梳理商品和人之间的关系，如何借助新方式来实现商品和人更加高效的对接，是当代成败的关键所在。而在无界零售时代，真正能在这场风口中获胜的关键，依然是重塑商品和人之间的关系。

电商时代满足的是消费者"买得到"的需求，而无界零售时代满足的是消费者"买得好"的需求。淘宝之所以会被称作"万能的淘宝"，主要原因就在于，能够为消费者提供所需要的一切商品。有些商品在线下实体店无法买到甚至无法找到，但是借助淘宝电商平台，消费者却能轻松买到。这就是淘宝的独特之处。

随着 B 端供应和 C 端供应的不断增加，电商平台的商品供应已经呈现出多样化的状态，消费者在电商平台上搜索想要的商品已经不再局限在快速地找得到，而是在搜索结果之后还要进行筛选才能找到心仪的商品。这对于消费者来讲，简直就是一种煎熬，原本看似能够给他们的生活带来便

利的东西，如今却成了他们的痛点问题。单纯地将消费者"买得到"作为目标，已经无法真正给电商带来长远增长。

无界零售便是在这样一个时刻产生：消费者消费升级时代的来临，电商供应效率的下降让人们开始从"买得到"转移到"买得好"。如何在短时间内在海量的商品中找到消费者真正需要的商品，如何在消费者寻找商品的时候猜到消费者真正需要的那些商品，成为无界零售时代所要解决的关键问题所在。因此，在无界零售时代，想要赢得消费者的关键在于如何处理好让消费者"买得好"的问题。

商品与人接触的渠道不再泾渭分明，而是应当逐步趋同。电商时代一个非常鲜明的特色就是线上购物要比线下购物便宜，从本质上来看，这是由于消费者使用不同的渠道购买商品时的区别所导致的。这个问题所导致的最为直接的一个结果就是为了获得消费者，线上电商平台开始不断用价格战的方式来获取消费者，实现转化。

同时带来的最为直接的结果就是，商品质量参差不齐，消费者购买商品时开始遭遇众多购物陷阱。这种问题的出现，主要来自商品和人接触的渠道不同。无界零售时代，零售企业需要解决的一个主要问题就是，破解商品与人接触渠道不同所引发的价格不同、质量不同、体验不同等问题，真正消除商品与人之间的壁垒，让消费者实现线上与线下购物的统一。

解决商品和人接触的渠道，是无界零售时代的主要特征，这也就是目前比较常见的"打通线上和线下"的一部分。另外，想实现线下购物、线上支付，是实现商品与人接触关系的另一含义。随着线下购物支付体系的不断完善，线下支付与线上支付的区别也会逐渐趋同。

电商时代的商品供应方式一共有两种：一种是工厂的线上旗舰店；一种是中小卖家的经销商。这种商品供应的方式，会让商品供应的数量越来越多，价格越来越多，商品质量开始参差不齐。无界零售时代，商品供应的方式也会发生转变，而商品供应方式的改变正是当下比较流行的 S2B 的供应链模式。

无界零售时代，如何借助新的技术手段重塑商品与人之间的关系，如何实现商品与人的精准对应，如何借此满足消费者的消费升级要求，成为无界零售时代的决胜关键所在。

三、以互联网为桥梁，无界零售时代如何重塑商品与人的关系？

当前，互联网已经演变成为一种基础设施，已经无法给无界零售带来实质性的变革，但能够通过它重塑无界零售时代商品和人之间的关系，而这也是无界零售成败的关键。那么，零售企业应当如何重塑商品与人之间的关系呢？

以大数据为手段，实现商品与人的直接联通。无论是在传统时代，还是在电商时代，商品与人要想产生关系，必须经过一定的渠道。传统时代，通过商贩、商店、商超的渠道与商品产生联系；电商时代，通过互联网的方式与商品产生联系。但是,这种联系方式改变的还仅仅是商品获取的渠道,商品本身并没有直接与消费者产生联系。

进入到无界零售时代,消费者与商品产生联系的开始通过大数据的方式来进行。这些数据来自商品本身,通过这些数据,能够描画出商品的基本模型,还能实现商品数据与人的数据之间的一一对应。按照这种逻辑,商品不再仅仅是一种供给者,同样是一个提供者,提供的是能与消费者产生直接对接的数据。借助这种数据,商品与人之间不再是一种供需关系,角色会逐步淡化,转而成为一种能够相互联通的有机整体。

以新的媒介为切入点,可以实现商品与人接触方式的转变。电商时代,了解和接触一个商品是以图文的方式来呈现的;进入到移动互联网时代后,了解商品的方式进一步丰富化,变成了短视频和直播等方式,从而增进了人对商品的了解。然而,商品与人之间依然存在很多壁垒,要想提升消费者的购物体验,就要借助新的媒介来改变传统商品与人的接触方式。

以VR、AR为代表的虚拟现实技术的出现,让消费者看到了更多的商品与人接触的机会。借助这种技术,能够实现商品的溯源、商品的生产再现、商品的多维展示,消费者能够更加清晰直观地了解商品。

以智能机器人为代表的生产方式、运输方式将会极大地提升商品与人的对接效率。当前,商品的生产依然是以人工为主的,而随着人力成本的增加,借助人工进行生产已经无法节省成本。随着智能科技的发展,通过将标准化的生产流程交给智能机器人来完成，让工人去从事更具创造性的工作，成为未来提升商品与人对接效率的关键所在。

为了促使商品与人之间的对接效率得到本质提升，除了商品的生产过程需要进行智能化的处理外，还要在商品的生产方式、运输方式等方面实现智能化。如此，消费者在无界零售时代获得的体验才能得到根本改变。

无界零售时代的来临已经无可避免，商品与人的关系的重塑将会成为时代主旋律。互联网技术演变成基础设施，会在促进改造行业中，不断降低自己的能量。新科技的出现为我们打开了重塑商品与人关系的思考入口，通过它，就能找到更多无界零售的发展突破口，将人们的生活带入到一个全新的无界零售时代。

产品服务于消费者，要优先处理消费者需求

服务消费者是零售企业的本质功能，网络运作的核心任务也是服务消费者，提高消费者满意度。

识别、促进和满足消费者需求，是提高服务效能的关键因素。满足消费者需求是实现消费者满意的前提和基础，但是，不仅不同消费者的需求千差万别，就是同一消费者的需求也会有不同的表现。

"认识消费者、识别消费者的需求"，绝不是一件轻而易举的事情。在日常消费者中，零售企业必须潜心研究消费者的购买行为，了解消费者的需求、爱好等。可以通过询问、倾听、观察等方式，从细微之处了解消费者的需求和想法；同时，站在消费者的角度对消费者的需求进行分析，为他们提供更好的服务。

消费者把个人的期望带给零售企业，企业的工作就是为他们提供服务，使他们和零售企业得益共赢。千万不要认为，服务消费者就是恩惠消费者，而要意识到是消费者接受了企业的服务才会将市场机会留给企

业。学会用这种理念进行思考，就会从消费者的期望出发，从消费者的角度进行思考：消费者需要什么？消费者看重什么？能帮助他们做什么？之后，根据消费者的需求和期望，为他们提供最适当的服务。

消费者的需求大致可以归为以下几类：对利润的需求、对安全的需求、对方便的需求、对尊重的需求、对自身发展成长的需求等。以下就前四种需求进行分析。

一、对利润的需求分析

此需求是消费者最基本的需求。在目前市场经济中，零售企业的所有经营活动都要围绕这一方面而展开。要想满足消费者对利润的需求，零售企业就要注意下面四点：

1. 满足的货源供应。消费者盈利主要来自零售企业对其供应的适销产品，满足的货源供给是消费者追求盈利的基本需求。在零售企业专营的状况下，提供给消费者的货源适销度和满足度直接决定了该消费者的盈利水平。所以，能否给消费者提供令其满足的货源，是能否让消费者满意的关键。

2. 适销对路的产品组合。适销对路的产品组合是零售企业确保经营效益、提高经营业绩的需要，要给消费者提供可供其选择的品种范围。产品在品种、价位、口味上都有各自的特点，如果消费者没有针对性地选择适销对路的产品，很可能造成销售不畅、库存积压等局面。所以，要对消费者进行有针对性的专业指导，为消费者提供适销对路的产品组合，供其参考。

3. 合适的批零价格。消费者一般都想获得合理的产品零售价格，既想追求合理价差，也关注经营环境。为了满足公平竞争的需要，就要制定合理的批零价格，切实维护经营者利益与消费者利益，调动经营者的积极性，帮助消费者实现利益最大化。同时，合适的批零价格还会增加经营者的稳定性，使其能安心于规范经营，维护产品市场的合理竞争，避免造成过度竞争；而确定合适的批零价格，防止低价跑量、竞价销售，又是广大消费者的利益所在，也是其客观需求之一。

4. 竞争有序的市场环境。竞争有序的市场环境是经营者关注经营氛围、维护长期经营利益、重视生存环境的需要。客观上，消费者都希望得到专卖的保护，因此一定要扼制周边网点的过度发展，防止周边网点采取不正当竞争，要通过专卖和营销的管理来保护消费者的利益。

二、对安全的需要分析

在市场经营环境下，经营者对自己的经营风险都有比较深刻的认识，安全是他们为持续的经营活动而做的一种努力和防范，也是他们对自己的经营活动所持有的一种信心。同样，安全也是消费者的一个需求。

1. 长期稳定的获利。市场竞争激烈，今天能实现的利润并不代表明天同样能拥有这份奶酪，但是每个零售企业都希望自己能长期拥有一份属于自己的奶酪，谁都不希望自己的那份奶酪被人抢了。所以，经营者同样希望今天获得这份利润明天也能获得，甚至能在今后相当长的一段时间内拥有。同时，他们还希望获得与其经营规模相匹配的消费者地位，以取得经营上的优势。

2. 不合格品的退调。消费者对质量的追求、对品牌的认识度较高，尤其是一些高价高档产品，一旦产生不合格品，会使经营者遭受比较大的信誉缺失和经济损失。所以，对于可能产生的不合格产品，要在最初的环节中、以最快的时间退掉。不合格品的快速退调可以使经营者尽将商品销售完毕，避免因货源无法上柜而造成积压，使资金可以尽快流转。

3. 不畅销品的处理。不畅销产品虽然不是不合格产品，但是因为适销不对路，或由于市场销售环境存在客观问题，也会无法销售出去，造成产品积压。资金不能正常流转，也就无法再次周转，消费者就会产生不安全感。更严重的，消费者还会对服务人员产生信任危机，对今后的新品推荐心存疑虑。消费者总想最大限度地降低风险，因此对不畅销品，就要想办法给予处置指导。

4. 资金风险最小化。经营的最主要目的是获得最大利益，这也是零售企业保证消费者满意的基础。而消费者能否获得最大的利益，从根本的意义上讲，还取决于两个方面：一方面是可能获得的满足，得到的效用或价值；一方面是其在得到这一满足时的必要支出，即付出的代价和成本。在网络消费者中，个人消费者占有较大比重，购进商品时，少数产品可能需要当场结算。这样，就会给消费者带来较大的压力和风险。如果消费者周转资金比较有限，为了降低风险，他们多半都会慎重选购新产品，因此尽量不要将低知名度产品、不熟悉产品出样陈列。

三、对方便的需要分析

在市场竞争环境下，消费者一般都希望获得更多的让渡价值，以降低他们的消费者成本。在节约成本的过程中，他们希望企业能为他们提供各种方便，给予他们更多的指导，创造更多的服务。

1. 送货上门。送货上门，消费者就不用到零售商那里搬运货物了，就可以把更多的时间和精力投入到其他事情上。这项服务不仅可以为消费者节省货币成本、时间成本、体力成本和精力成本，也是公司体现服务价值、人员价值、形象价值的过程。

2. 节省体力劳动。消费者都不想奔波于商店与公司之间，无论是产品的转移，还是信息的传递，如果零售企业能为消费者提供很好的便捷方式，能够为消费者节省体力劳动，往往更受欢迎。

3. 沟通联系简便。使用商品的过程中如果遇到疑惑，他们都希望能及时与公司沟通联系，并获得解决方法。因此，要为消费者提供各种便捷的沟通联系方式和渠道，为他们节约时间成本和精力成本。

四、对尊重的需求分析

尊重是人性的五大需求之一。每个人都有着强烈的想得到他人尊重的欲望，其中也包括消费者，他们和零售企业的关系是平等的，是互惠互利的，是共同合作的，是缺一不可的。

1. 信息对称。在高科技的通信 E 时代，信息传递变得前所未有的快捷。对于各类与自身有关的信息，消费者都渴望在第一时间得到，这些信息包括：产品信息、价格信息、新产品信息、货源投放信息、周边市场竞争信息、与产品经营相关法规等。这些信息会直接影响到消费者的消费水平，一旦消费者能在第一时间与零售企业同时共享这些信息，就能产生被尊重的感觉。

2. 相互信任。消费者与零售企业是平等互利的关系，在经营中，消费者希望零售企业能把他当朋友，能真诚地为其出谋划策。因此，要想提高消费者的认同，既要相信他们，同时更要赢得他们的信任。

3. 获得对方礼遇。消费者都希望被尊重，只有礼貌相待，文明服务，才会使得消费者感到愉悦，才能使服务达到互动的效果。因此，从消费者角度看，要在订货工作中做到"订多订少一个样，订与不订一个样"；要在货源分配上做到公开、公平、公正。只有进行合理的配置，才能实现真正的平等，才能让消费者在人格上享受到平等和尊重，使消费者有被尊重、被礼遇的感觉。

4. 关注消费者心理。多数消费者都是个人，他们有时会发生一些意外或突变。例如：健康问题、家庭变故等，当消费者出现这些问题时，心理会感到焦虑，需要被关心、需要帮助，零售企业要为其雪中送炭，应伸出温暖的双手，对其进行必要的帮助，例如：特别拜访问候、慰问、给予法律上的援助等。赢得了消费者的心，也就赢得了市场。

打造极致产品，先要把自己逼疯

不要迷信大师，也不要迷信灵感。所谓大师或灵感，也只是指出了正确的方向，其实所有的一切都刚刚开始。

极致产品的背后都是极大的投入，好产品都是经过千锤百炼锻造出来的。小米科技联合创始人王川曾说："极致就是把自己逼疯，把别人逼死。"这就告诉我们，只有把自己逼疯，才能为消费者提供超出预期的产品和服务。

极致的产品既是拉动消费者的基础，也是竞争的强有力壁垒。小米为了制造令消费者尖叫的手机，付出最多的就是高配低价。小米每推出一代新产品，采用的都是当时速度最快的业界手法配置，价格也是行业最低。为了做到这一点，小米会将自己逼得狠一点，会花大量的时间去选择最好的供应链厂商，还会在生产阶段做出最好的产品。

小米手机看起来似乎没什么特色，但是还原了产品的本源——紧紧追逐并满足"米粉"的需求。小米的设计团队有着比消费者要求更高的设计标准。当一个产品做到极致的时候，也就不用担心销量和是否赚钱了。显然，回归产品本身远远比死盯着销售数据更实在。

极致是互联网产品的核心，只有极致才能超出消费者的预期，形成口口相传的效应，给后期推广带来极大的便利。如果产品和服务做得很好，但是没有超过消费者的想象，也不算是极致。

互联网世界，缺少的是注意力，产品数量少一些，聚焦作用面才能产生高压强，因此要先推出一款爆款，让它带动其他产品。只要使用专业人士的思维方式，把自己当成一个单纯的消费者，才能知道消费者真正需要什么。找到消费者的痛点，把这个点做到极致，为消费者提供超出消费者预期的产品和服务，就能让消费者对产品产生"离不开"的情愫。

第一层思路，从产品自身出发

关于这一点，有三个思考维度：

1. 极致产品功能。不断挖掘产品自身功能的内涵和外延，通过助剂及产品改性，就可以进一步开发产品的功效，满足消费者需求。为了将啤酒做到极致，在山东有一款啤酒主打"鲜"卖点，从产品功能上，直接选取发酵罐中的啤酒原液，不用过滤，不用巴氏杀菌，产品富含活性酵母，具有独特的丁香花香气，倡导"七天鲜活"，被誉为啤酒中的"酸奶"。这款产品提升了客户体验，成为夏天的畅销饮品。

2. 极致产品体验。依据产品功能开放消费者的体验参与过程，能够让消费者充分体验好产品。酒是情感的润滑剂，醋客公社在打造极致产品的封测过程中，自信地与国内白酒的第一品牌进行对比，通过拉酒线、赏酒花、看挂杯、闻酒香、品酒味等体验，让消费者全方位参与产品体验，形成了良好的口碑效应。

3. 极致产品细分。产品的差异化应用，基于年龄、场景、收入、文化等，就能找到新的蓝海市场。当行业里绝大多数品牌在告诉消费者水源好产好水时，有个品牌在好水源的基础上，开发了母婴饮用水，进一步细分了消费者群体，并获得市场利润。

第二层思路，从产品的外延出发，做"产品＋"

如果从产品本身与市场消费者需求直接结合的方式行不通，企业就要放下产品，先忘掉自己的产品，从产品的外延出发，主动做"产品＋"。这里，共有两个思考维度：

1. 产品＋附加服务。要忘掉产品，积极开发消费者的售前、售中、售后的极致服务。为了将一袋大米的服务做到极致，台湾经营之神王永庆先生要求销售人员送米到家，距离近的不收钱，稍远的加收路费；将大米送到消费者家中后，先把消费者家中米缸的陈米倒出，把米缸擦干净，然后把新米倒入米缸，最后把陈米铺在新米上，这些服务都是免费的。走的时候，还要记下消费者家中共有几口人、一个月吃多少米、何时发薪水。

2. 产品＋智能化。有家床垫企业，是健康睡眠领域的多面手。其在床垫中植入芯片，记录消费者每天的睡眠状况，包括心电图、睡眠质量、呼吸状况等，整理后上传到云笔记；之后，整合医疗资源，为消费者提供医疗帮助，这是传统企业互联网产品发展的核心要点。

最后，对于零售企业的互联网转型，极致产品固然重要，但不是唯一，还要将企业系统的营销职能、销售职能、市场职能等组合起来，形成结构性的商务活动方式，共同发力，引导企业完成与互联网的充分融入。

一剑封喉，产品设计要有期待感

在美国航空业曾流传过这样一个故事：

有个乘客要参加本年度最重要的商务会议，结果延误了班机。该航班专门调拨了一架轻型飞机，将该位乘客送往目的地。正是这种竭尽全力"讨好"乘客的做法，使这家不起眼的小航空公司快速扩大影响，在极短的时间里快速跻身于美国前四大航空公司之列。

对企业来说，"以消费者为中心"不止是一句口号，还需要把这个作为目标，并一直追求下去。消费者满意，能够提高他们对公司的忠诚度。保留住老消费者吸引新消费者，提高知名度，增强企业市场竞争力，获得更多的利润等。

以消费者为中心，把消费者的需求放在首位的弹性服务规则是处理好企业和消费者关系的核心。当问题发生后，企业应主动采取措施，应将必然会发生的事作为客户服务系统的一部分，打造出最能体现以消费者为中心的管理方案。

留有期待感就是为了让消费者更方便地参与进来。那么，如何才能更好地促进消费者产生更多消费行为，让消费者去参与内容生产，并提升内容创作质量呢？在 2013 年海尔商业模式创新全球论坛上，海尔集团首席执行官张瑞敏对外宣称"你要么是破坏性创新，要么你被别人破坏"，海尔作为传统制造业的代表，将互联网思维、C2B 模式渗透到生产、销售等各个环节，利用有效的激励措施，吸引消费者参与到产品创新的过程中，取得了良好的效果。

海尔的激励方式主要有两种：

一是主办比赛，奖励获奖消费者。为了激励消费者参与产品创新，海尔利用自己的资源打造了一个开放的产品创新平台——海立方。在举办的"海立方创客大赛"中，海尔提供了技术、资金、信息等资源支持，与消费者积极互动。消费者在积极参与创客项目的实践过程中，可以与创新团队实时沟通，提出自己的意见和建议。最终，这些消费者都转化成了创客忠实的拥趸，并通过各种途径不断扩大影响力，真正参与到了海尔的产品创新中。为了激励消费者，比赛共设置了 9 种奖项，比如金牌创客奖、最具商业价值奖、最佳功能创新奖等。结果，不仅买到了好的创意，还生产出了符合消费者需求的产品，这无疑是一种双赢的选择。

二是免费体验和使用新产品。除了主办比赛征求消费者好的创意，海尔还在微博等社交平台上发起各种邀请消费者参与讨论的话题活动，比如"产品由您设计，画面请您创意"活动，邀请网友为海尔冰箱创意主画面，形式不限，文字、图片、动漫、插画、视频、图文，只要能表达出这款产品的特征和卖点，都可以参与。创意的主画面最终被项目组选中的消费者，将获得免费体验该新产品和使用新产品的机会。这一征求消费者创意的活动得到了消费者的积极反应，网友"时尚生活全资讯"就回复评论："这么看来，每个人都可以给这台冰箱设计你的主画面。奖品也很诱人，一会儿先去号召朋友们都来参加。"而网友"别致的等待"则认为："这个活动还不错，充分展现了大家的实力。"

由此可见，零售企业完全可以利用互联网，通过激励消费者参与产品创新，为消费者提供交流互动的平台，并建立开放式创新平台，鼓励消费者在产品创新前参与产品的设计和研发，不断地体验新产品，获取消费者碎片化的需求和创意，使研发团队更好地与消费者沟通，准确把握消费者的需求。

同时，还可以运用微博、社区论坛等形式，在激励消费者参与产品创新的过程中，快速、低成本吸引消费者，准确地把握市场和消费者的需求，降低产品失败的风险。

互联网时代，每个消费者都会通过不同的途径分享自己的知识、资源和消费主张，他们会对现有的产品发表观点，他们的需求不再停留于功能层面，会有更高的消费需求，当现有的产品不能满足需求时，他们就渴望参与到产品的研发和设计过程中。如此，为了激发消费者的参与热情，就要制定一套完善的激励措施。

不同的消费者参与产品创新的动机是不同的，在吸纳消费者参与产品创新的过程中，企业要关注消费者的不同需求，关注消费者的内在动机和外在动机。同时，不同的激励措施有不同的效果，这些措施并不是孤立地对消费者产生激励作用，而是相互融合的，企业要融合不同的激励手段，给消费者全方位的动机刺激，使得激励效果最大化。

在产品创新的过程中，企业只有抓住消费者的核心需求和参与动机，给不同需求的消费者不同方式的激励，给他们一个平台自我展现，才能最大限度上激发消费者的参与热情，生产出最符合市场需求的产品，最终提高企业对市场需求的反应速度，增强企业的竞争力。

一、主办比赛，颁发奖项

零售企业可以通过举办创意大赛来征求消费者的创意，设置若干奖项，为比赛提供技术、资金等方面的资源支持，与消费者交互。通过比赛不仅能买到好的创意，还能生产出好的产品；而且，这些消费者最终都会转化成企业的忠实群体，并不断扩散影响力，通过口碑传播提升企业和产品的知名度。

二、用现金激励消费者

为了满足消费者的经济需要，最直接的做法是，以金钱为回报来激励消费者参与。比如，百度无线邀请消费者参与产品调研，为了引导消费者参与生产体验，设置了100元的礼金、明一奶粉等奖励。此外，利润分成也是一种很有效的激励方式。

三、赠送优惠券或优惠折扣

除了现金激励，另外一种直接的激励方式便是，向消费者赠送优惠券或优惠折扣。这种激励方式不仅能降低企业的激励成本，还会促使获奖消费者再次购买，在扩大销量的同时提升产品影响力、培养了消费者忠诚度。

比如，耐克赠送优惠券、小米公司赠送 F 码等优惠折扣都是这一做法的直接体现。

四、免费赠送、使用新产品

向获奖消费者免费赠送新产品或免费使用新产品的机会，往往是针对领先消费者的激励行为。领先消费者具有专业的知识和超前的需求，对新产品往往更加关注。领先消费者通过对新产品的使用，能发现潜在的问题，进而向企业提出改进意见。比如，小米向幸运消费者赠送米键，海尔赠送冰箱 20 年的体验权和使用权。

五、授予消费者荣誉、认可身份

消费者参与产品创新一个很重要的动机就是获得他人的认可，实现自我价值。零售企业在产品创新的过程中，除了必要的物质奖励以外，还可以向创意被采纳的消费者授予某种荣誉称号，或对其身份进行认可，让参与的消费者有种归属感和认同感。比如，乐高对消费者设计师授予"乐高认证专家"的称号、聘用消费者，既拉近了与消费者之间的距离，又能捕捉到消费者最新的需求。

六、展示优秀创意，彰显个人价值

零售企业可以在微博或社区论坛中，就某一话题或某一产品展开话题讨论，鼓励消费者提供有价值、有意思、有深度的评论，将优秀的评论进行置顶展示，彰显消费者的个人价值。

还可以特意在微博或社区中转发精彩评论并公开致谢，比如，小米就经常在小米社区中将优秀的创意置顶，彰显消费者的个人价值。

七、奖励消费者荣誉和特权

零售企业可以根据消费者的活跃度、意见采纳率将消费者区隔定位，给予不同等级消费者不同的特权、增值服务或奖励勋章，使消费者获得成就感，进而提高消费者忠诚度。小米手机的 VIP 消费者要比普通小米消费者享有更多的购买优惠和服务待遇、新浪微博的 V 认证等都是这一做法的直接体现。

京东四大创新产品开启无界零售时代

2017 年 10 月 17 日，京东集团举办了"京东零售创新战略暨全球好物节启动发布会"。会上，京东集团展示了其在未来无界零售中的技术创新，并推出了无人仓、无人货车、无人超市、无人便利店等四大创新产品。京东集团用这四大创新产品开启了无界零售的新时代。

一、无人仓

2017 年 10 月，京东物流首个全流程无人仓正式亮相。这次亮相的全流程无人仓实现了从入库、存储到包装、分拣的全流程、全系统的智能化和无人化，对整个物流领域来说，都具有里程碑意义。

京东无人仓坐落在上海市嘉定区的仓储楼群，属于上海亚洲一号整体规划中的第三期项目，建筑面积 4 万平方米，物流中心主体由收货、存储、订单拣选、包装等 4 个作业系统组成，存储系统由 8 组穿梭车立库系统组成，能够同时存储商品 6 万箱。在货物入库、打包等环节，京东无人仓配备了 3 种不同型号的六轴机械臂，应用在入库装箱、拣货、混合码垛、分拣机器人供包等 4 个场景下。

另外，在分拣场内，京东引进了 3 种不同型号的智能搬运机器人执行任务；在 5 个场景内，京东分别使用了 2D 视觉识别、3D 视觉识别，以及由视觉技术与红外测距组成的 2.5D 视觉技术，为这些智能机器人安装了"眼睛"，实现了机器与环境的主动交互。未来，京东无人仓正式运营后，其日处理订单的能力将超过 20 万单。

二、无人货车

2017 年 9 月 28 日，京东无人黑科技家族又添新成员——京东无人轻型货车，这也是国内电商和物流领域首次推出的无人货车产品，在交管部门指定的固定路段内开始路试。

京东联合上汽大通与东风汽车共同研发的上汽大通 EV80 新能源无人货车和东风电动无人货车，使用了"无人驾驶功能""感知系统""新能源"等前沿技术，能够解决未来应用广泛的城市内物流运输需求。

无人货车的亮相，不仅对京东无人车物流网络的形成起到了重要作用，还进一步推进了京东智慧物流体系的构建，是中国自动驾驶应用推进征程中一个重要的里程碑。

京东与上汽大通合作的 EV80 无人轻型货车，搭载了雷达、传感器、高精地图和定位系统，在行进过程中，即使是 150 米外的障碍物，也能提前探知；同时，还有足够的时间重新进行道路规划与障碍规避，遇到信号灯时，前视摄像头可以准确感知，保障无人货车安全有序地前行。

强大的技术实力和优质硬件保障，使京东轻型无人货车可以自主完成运行路线规划，实现主动换道、避障、车位识别、自主泊车等诸多功能。

不过，虽然无人货车能够实现自动驾驶，但为了应对可能产生的突发事件，确保路试安全的进行，进行路试时依然要配备驾驶员。

三、无人超市和无人便利店

京东的无人便利店和无人超市在 2017 年"双 11"期间正式开业。两家店位于京东总部的办公楼内，整体面积不是特别大，但足以展示这家公司在无人店方面的一系列设想和技术。

无人便利店和无人超市从名字看概念相近，定位却大不相同。前者主要针对那些规模不太大的小型便利店，具有可分解和组合的多个技术模块。而无人超市解决方案更多面向中大型商超，更强调整体的体验。

1. 无人便利店

无人便利店的门口设有一台平板电脑，可以识别人脸并采集消费者身份信息。消费者只要绑定京东账号，开通本店的免密支付，就能在店内完成一系列购物流程。整个信息录入过程大概需要 2~3 分钟，一旦录入成功，便利店就能通过人脸识别出相应信息，点击平板电脑上的开门键，即可进入便利店。

如果不仔细观察，很难看出这家便利店与其他传统便利店有什么差别。但其实，一旦进入店内，消费者的身份、性别、年龄等属性就会被系统知晓，比如在某个商品前面停留的时间、喜欢拿哪边货架的商品、最终买了哪个……所有的这些信息都会被店内的摄像头记录下来。

当然，仅靠摄像头，还无法完成更复杂的数据分析任务，一排排的货架上还"暗藏玄机"。京东给每个货架上都装有智能传感器和人脸识别摄像头。智能传感器设于货架底部，消费者在货架前拿走商品后，会触发智能感应器及人脸识别摄像头，实现人货绑定。

每种商品都有自己的电子价签，可以实时变动商品信息。

目前京东还提供扫码购买方式。此外，智能货架也可独立完成补货提醒、陈列监管、价格管理、促销管理和智能推送等多种功能。

当选好了商品后，便可以把它们挨个放在智能结算台上完成付款步骤。该设备安装有集成摄像图，借助京东这些年积累的实拍数据，可以利用图像识别技术来结算。听上去虽然有些神奇，但相比传统的称重台，智能结算台仅增加 5%~10% 的成本。

2. 无人超市

和京东无人便利店一样，进无人超市之前需要录入人脸信息，并开启免密支付。该免密支付功能仅针对店面本身，跟京东的网上支付信息没有直接关联。

系统识别个人信息后，会自动打开闸机。跟无人便利店相似的是，进入店内后，店内传感器能够感知到消费者的行走路线、所观察的商品、哪些商品被拿起及看了几秒……后台对这些数据进行分析后，就能帮助工作人员进行精准营销。

通过对超市的定位分析，京东就能知道周围有多少消费者、消费者的购买偏好是什么，甚至还能分析出该消费者是否已婚、是不是要生小孩、家里有没有老人、要买什么东西等。知道这些数据后，超市就能实现精准补货，然后由配送员送到店内。

　　更有趣的地方在于，在京东无人超市购物，消费者可以把商品装在口袋里、书包、手提袋等任何地方，然后"大摇大摆"地走出闸门。当消费者走出通道时，人脸识别、智能摄像头、智能价签等技术会帮消费者从绑定的京东账号自动付款。

　　当然，所谓"无人超市"并不是真的完全无人，尤其是在大型超市，仍然需要理货员、库管、配送员等工种，但是收银员真的有可能被技术取代。

第五章
无界零售时代的无界零售服务：
恪守服务信条，彰显人本情怀

让"消费者满意"是服务的唯一标准

著名美国学者彼得·德鲁克曾经说过："营销的目的在于充分认识及了解消费者，使产品或服务能适应消费者的需要。"消费者满意营销战略的指导思想是：企业的全部经营活动都要从满足消费者的需要出发，从消费者的观点而不是从企业的观点来分析消费者的需求，以提供满足消费者需要的产品或服务作为企业的责任和义务。消费者满意营销战略就是要站在消费者的立场上考虑和解决问题，要把消费者的需要和满意放在一切考虑因素之首。

所谓消费者满意是指，消费者对其明示的、通常隐含的或必须履行的需求或期望已被满足的程度的感受。满意度是消费者满足情况的反映，是对产品或服务性能以及产品或者服务本身的评价，其体现了消费的快乐水平，是一种心理体验。

对营销来说提高消费者满意度是非常重要的，企业必须要通过实现高满意的客户服务来提高消费者满意度。高满意的客户服务就是事先预期消费者需求，在问题还没出现前就为消费者提供解决方案，提供让消费者出乎意料的服务，让消费者在接受服务时感到愉悦。对于消费者的满意度来说，其决策依据是消费者期望。

一、无界零售产生的背景

想要清楚地理解无界零售，首先要弄明白无界零售是基于什么样的背景产生的。经过研究，我们发现，无界零售产生的背景有以下三个：

1. 马斯洛需求层次理论。在大部分人还处于温饱阶层时，人们主要考虑的是生理需求和安全需求。体现在零售领域，就是着眼于产品经济，更多地关注价格。随着中产阶层的扩大，我们进入到了服务经济的时代。考虑人们需求的改变，应该更多地着眼于产品差异化和个性化的实现。

2. 消费呈现的三大特征

消费呈现的三大特征是：

（1）圈层化。现在的产品营销不再是垂直营销，而是水平营销。要针对不同消费群，分不同的消费层次去沟通。

（2）标签化。每个人都有他的标签。哪怕人家身上有些标签你是不认同的，也需要尊重。

（3）年轻化。与过去相比，消费观念发生了很大的变化。比如，随着消费者的年轻化，即使是月薪只有 2000 元左右的人依靠小额贷款，依然敢买 iPhone 手机。所以想要打开年轻市场，必须对线上线下同时发力。

3. 现代商业的三大本质

现代商业的本质表现为：

（1）消费者的时间价值有限。未来消费者时间会愈发稀缺，谁能覆盖消费者的时间价值，谁就能占得先机。

（2）不可替代性。不管做什么产品，至少要在1~2年的时间内做到不可替代。出现新趋势时，要立刻赶上，再让它变得不可取代。

（3）高黏性。微信是最好的案例。有些人曾经尝试着要将微信戒掉，但是戒了一年都没有成功，这就是微信和用户高黏性的体现。

二、无界零售的四个维度

新零售时代，我们可以从四个维度重新定义无界零售：

首先，极致的产品体验。极致的产品体验，能够创造不可替代性。现在的消费者越来越务实，只要产品体验好，就可以成功。

其次，极致的服务体验。通过售前、售中、售后等全过程服务体验，来不断地增强强关联性、强依赖性，充分占用消费者的价值时间。

再次，售卖一种健康的生活方式。销售的不是产品，而是目标人群的生活方式，拥有一种精神价值。

最后，引起目标群体核心价值观的共鸣，这是最主要的。根据马斯洛需求层次理论，越高端的人群，自我价值实现的需求越高，标签化需求也就越高。

三、提高消费者满意度的策略

要想提高消费者的满意度，可以从以下七个方面做起：

1. 沟通是和谐关系的开始。要想提高消费者满意度，首先要建立友好和谐的人际关系；其次，良好的沟通技巧能够帮助你们开展话题；第三，要关心、了解消费者心理、生理状况，真正了解消费者的需求并给予满足。

2. 给人好感的自我介绍。与消费者接洽得顺利与否，关系着销售能否成功，良好的自我介绍显得尤为重要。自我介绍虽然简单，却可以使彼此间建立起和谐关系。良好得体的自我介绍，能够改善因误会而产生的不愉悦心情；对于交谈目的做一番说明，不但可以得到消费者的注意，还能显示出你对他的关心，提高不同类型消费者的满意度。

3. 微笑服务。微笑是世界通用的语言，微笑服务是提高消费者满意度的必备武器。用笑容面对消费者，即使对方的情绪不稳定，也会因为你的笑容而显得开心一些。然而，微笑必须是发自内心的、真诚的，不是脸上硬挤出来的。无论与消费者面对面交谈，还是电话交谈时，都一定要记得微笑。即使消费者在电话的另一端看不到你的笑容，也能通过声音感受得到你的微笑沟通与交流。

4. 及时道歉。人无完人，即使零售商尽力做好了每个环节，依然会犯错。这些错漏并不是故意的，可能是忙中出错，可能是第三方的影响，也可能是非人为条件带来的麻烦，所以，消费者不满意是很正常的，零售商完全可以利用补偿服务，及时向对方道歉，将错误转化为机会。

5. 善于运用聆听和询问。好听众都是一个懂得说话的人，上帝给了我们一张嘴、两只耳朵，就是要让我们重视倾听在沟通中的作用。首先，当消费者询问的时候，要认真倾听，多了解消费者，收集更多的关于消费者的信息。其次，记录消费者所告诉你的话将显示你对于该信息的重视，与此同时以亲切的态度及时对消费者的问题做出回应，以尊重的态度对待消费者，将会增进彼此间和谐的关系和消费者满意度。

6. 增加期望值。市场营销大师菲利普·科特勒指出："满意是指一个人通过对一个产品或服务的可感知的效果与他的期望值相比后所形成的愉悦或失望的状态。"如果可感知效果低于期望值，消费者就不满意或抱怨；可感知效果与期望值相匹配，消费者就满意；可感知效果超过期望值，消费者就会高度满意或欣喜。因此如果消费者对产品或服务感到满意时，他们将会通过口碑传播给其他消费者，从而扩大产品的知名度，提高企业的形象。

7. 带有感情地传达信任。带有感情的沟通是销售人员应该具备的一个重要特色，如果想让沟通带来重大作用，就要先跟消费者建立起一种信任关系，拉近双方的关系。只有得到消费者的信任，零售企业才能获得更多、更重要的消费者需求信息，使整个销售工作变得更加顺利和轻松。

你的服务跟着消费者需求走

无界零售的本质在于：精准感知和满足消费者真实需求，通过内容触达个性、小众社群消费者的内心，逆向定制品牌，提供生活方式的升级服务。随着"无界零售"概念的发展和成熟，传统企业线下模式与互联网生态线上运营的深度融合需求也已日趋明朗。

目前，零售生态圈的各个环节都处于转型期：品牌从追求大而全转向垂直细分；媒体从垄断走向碎片化；零售渠道越来越多元化；在目标消费者的需求定位层面，也快速从大众化向社群化转变。因此，有价值的"无界零售品牌"，就要通过内容与消费者的情感产生联系，把握消费者的真实需求和价值主张，逆向定制品牌，为消费者提供个性化的生活方式。

无界零售既不是O2O的升级版，也不是传统零售的电商版。而是在中国第三次消费结构升级和传统零售业转型创新这个大背景下诞生的。无界零售立足于消费者需求的提升转变，从零售商家角度，利用移动互联网技术改造电商和传统零售业，满足消费者当下需求，从而提升零售企业销售额。

无界零售的应用场景，都是建立在商家和消费者真实消费场景之上的真正需求，商家不需要付出任何高额补贴，只要从满足消费者需求的角度去打造消费场景即可。

一、摸到新时代消费升级的脉搏

随着消费的逐渐升级，商家要在同等价位上为消费者提供更优质的商品，为同等品质的商品确定更低的价格。同时，还要为消费者提供更加高效、专属、有趣的场景式购物体验。

具体来说，可以从以下三个层面来创新服务体验：

1. 以内容导购为代表的场景式购物体验。不仅可以采用短视频、直播等方式来吸引粉丝，还能在上线展开"买啥"和"问大家"等业务，让消费者产生内容。

2. 以互动社群为代表的场景式购物体验。上线了主打育儿社交的育儿宝——"宝宝版 Instagram"，还推出了闲置和亲子同城业务，这些业务都具备很强的社群属性。

3. 以大数据为代表的场景式购物体验。接入智能化的场景，提高消费者活跃度和回访率，提升特定场景的 GMV 产出。

二、别误解了消费升级

提到消费升级，很多人都会产生两种感觉：一是觉得要品质消费，尽量买好的，要引进一些高端商品；二是觉得消费升级要做减法，降低门槛，比如，将豪华包间 KTV 做成迷你 KTV，让消费者利用碎片时间享受 K 歌的感觉。

那么，消费到底是要升级，还是要降级呢？无界零售到底如何满足消费者当前复杂的消费需求？这个问题，是众多电商平台必须要解决和理清思路的。尤其是新的垂直电商平台，如果思路不清晰，还可能被巨头吞噬，或者在行业转型中被并购。笔者认为，消费升级一定是存在的，但不必纠结于做加法还是做减法。纠结于这些问题，会让问题太标签化，换一个维度来看，消费升级的本质就是消费体验的变革。

在消费升级的背景下，消费者的消费行为、消费需求也变得更加多元化和品质化。以母婴行业为例，现在中国生育率高峰处于20~34岁，其中25~29岁最高。尤其是30多岁的80后不仅有消费购买需求，还有社交需求、知识需求，只有多方面布局，才能真正让消费者有黏性。

知识需求，通过内容层来满足；社交需求，通过与众不同的体验来满足。将两者满足之后，购买也就成了自然而然的事情。

推出低价好货，让消费者有所体验，尽管体验方式不同，但一定要有。门店也好，社群互动也好，社交分享视频也好，你围绕消费者的行为去做创新，自然就会增加他们的黏性。

无界零售时代的非标准化服务

从本质上来说，所有的产品和商业模式，都是一种服务。无论是有形产品，还是无形产品，都是一种能让消费者感到满意的过程和体验，无论是购物，还是享受服务。可是，不同的消费者在年龄、性别、兴趣、爱好、地域、学历等方面存在众多不同，人们对于服务的理解、对于服务的要求和标准也不同。所以说，服务是没有标准的，只要能够让消费者满意和超越消费者的预期，那就是好的服务。

学会因地制宜，因人而异，提供差异化的服务、私人定制化的服务、一对一的服务和个性化的服务，回头客和转介绍就会很多。服务是没有上限的，当满足和超越了消费者的预期之后，如何引领消费者的服务以及给消费者提供未来的服务，并提供详细的服务升级计划，则就是服务的升级了。

2017 年 9 月 16 日，飞利浦与苏宁易购共同推出剃须刀头换新、空气净化器产品换芯等服务，其中部分服务为行业首推。相关服务通过线上线下场景化的消费方式，让消费者亲身体验产品。

一直以来，苏宁易购都坚持零售本质，推进O2O变革，推动线上线下融合趋势，实现了一站式的服务体验。在"无界零售"的支撑下，消费者不仅能享受到线上下单送货上门的购物便利，还能亲自到苏宁门店近距离与飞利浦系列产品接触，参与苏宁线下空气净化器体验专区、亲子烘焙课堂等，提高体验度，积极参与和分享，感受到更多的购物乐趣。

苏宁易购与其他电商平台的核心区别是：重视客户体验，将线下服务和线上消费巧妙融合，普及场景化的消费体验，打造出零售体验新模式，更多的品牌流量渠道……这些也是飞利浦等优质品牌选择与苏宁易购展开深入合作的重要原因。

对品牌商来说，品类消长、产品升级都是很重要的事情，但对零售商影响不大，只要及时调整产品组合即可。消费升级背后带来的服务升级，给零售商带来了机会：一方面，消费者重视体验，为了获得更好的体验，愿意支付额外的钱，这突出了线下生意的现场体验优势，为线上线下融合、实现"无界零售"提供了基础动力；另一方面，线下零售正是因为体验差，才给电商创造了巨大机会。

一、融合形态的新模式等悄然上位

如今，零售业已经从交易时代进入到关系时代。毫无疑问，未来的零售环境必然会超越商店本身。换句话说，零售行业要想成为一个"全渠道"的形态，就要将更多的时间投入到创建与消费者沟通的体验上。

如何进行这种创新？融合形态的O2O等商业模式悄然"上位"。这种模式几乎可以用来概括所有的线上线下相融合的模式，也可能出现在每个传统细分行业中。比如，餐饮、房产、汽车、家政、洗衣、母婴、婚庆、教育等，都能以O2O形式出现在消费者面前。零售企业要扬长避短，充分发挥企业的自身优势；同时，通过自建平台和借助淘宝、天猫、京东等公共电子商务平台来开展网络零售业务，实现消费者购物方式多元化。

传统零售业经过融合形态的O2O等改革，有利于建设无缝渠道，实现线上线下的融合。随着网络电商的崛起，传统零售业正经历一轮前所未有的格局之变。消费者的消费习惯已经发生了巨大变化，他们喜欢在网上搜集产品信息，喜欢在网上进行比价，喜欢通过网络进行支付；他们使用移动网络出入网店，会通过微博、微信等社交网络交流信息。对于拥有多个移动设备的年青一代，线上线下已经没有边界。要想吸引这些消费者，传统零售商必须经历数字转型，积极开展线上业务，向消费者提供全渠道服务。

二、实体零售服务改革，不仅是"加"

"互联网+"时代下的传统零售企业，必须改变业务经营模式，积极运营和拓展所有线上可能的分销平台，努力实现各运营流程的无缝整合，实现线上线下的融合。而在这个过程中，要想实现服务改革，可远不止"加"那么简单。

"加"是必需的，全渠道服务势在必行。传统零售业在改革过程中，要以利益承诺为前提获得消费者信任；以商品开发为核心竞争力，向消费者提供满意的服务；同时，要建立快速触达消费者的渠道，利用互联网工具面向消费者提供高频交流的温情服务。整合全渠道改变了客服渠道碎片化造成的客户体验割裂的问题，对接入的反馈能够实现消费者识别并派发给专人处理，为消费者提供前后一致的服务体验。

"减"是必要的。互联网＋与各行各业的关系，不是"减去"（替代），而是"加上"。若不减，怎能加上？互联网＋时代，传统零售业要减去那些负面的工作态度和工作作风。

小米所坚守的服务商业信条

想做好服务，学习小米是最佳选择。

小米的商业模式就是个小餐馆模式，就是做好服务然后收小费的模式，所以必须把服务做好。把服务做好，不仅是公司老板的信条，更是小米商业模式的信条。

从商业模式的设定上，小米就是把硬件产品当互联网软件看。而互联网软件就是通过海量、微利的方式盈利。经营利为目的的公司若不把客人服务好，最终将走向消亡。小米创始人雷军多次在内部会议上跟大家讲："我们把产品、服务做得用心一点，让消费者喜欢我们。消费者喜欢我们了，'打赏'我们一点小费，我们挣这个小费就可以了。"小米的商业模式决定了服务就是核心竞争力。

传统的企业里，客服的地位往往都不怎么高。虽然很多企业领导嘴上都会说客服很重要，但是其实，客服的薪水最低，办公环境投入最少。而且，往往客户服务部门都会被当做一个企业的成本中心。

很多零售企业都将客户服务看作企业和消费者之间的防火墙，认为客服的最大价值就是在前端挨骂。很多消费者在联系客服多次之后总会生气地说："你们除了会说对不起，还会什么？"小米做客服的第一天就坚定这样的信念：客服一定要将战略性投入做好。

2014年7月22日下午，小米召开了2014年度服务商大会，四位联合创始人、董事长雷军、总裁林斌、副总裁黎万强、副总裁周光平，以及手机硬件团队副总裁郭俊，一起出席了会议。会议共邀请了100多家来自全国各地的小米授权服务商负责人。

小米创始人兼董事长雷军表示，在中国做服务不容易，但只要将服务做好了，一定能获得好的回报。大会评选出了年度优秀奖、年度新锐奖、年度卓越奖和年度参与奖等奖项，获奖服务商一共有50家。

值得一提的是，本次服务商大会的奖杯颇有新意，样子像一个大拇指点赞。小米联合创始人、副总裁黎万强说："小米一直坚持要有参与感，也就是要走群众路线，小米服务能做好，关键是消费者要说好，并让消费者来参与，来点赞。"

一、三年大跨越，铺设全国服务网

自2011年下半年开设第一家自营服务旗舰店小米之家以来，小米仅用三年时间，就铺设了覆盖全国的完善的服务网络。小米服务在全国TOP300城市的覆盖度，2011年是2.67%，2014年则提高到94.67%。同时，小米备件仓储的面积也从2011年的30平方米迅速攀升至2014年的6213平方米。此外，随着小米国际化进程的加速，小米的境外售后服务也在中国台湾、中国香港、新加坡、菲律宾、马来西亚等地开展。

服务是小米的商业信条，经过三年多的发展，小米服务就成为小米手中的一张王牌。雷军说："我有一个梦想，做一家'小餐馆'公司，老板跟每一个客人的关系都很好，而小米也一直坚持同消费者交朋友，我们强调真诚，就是要不欺人，也不自欺。"

二、三个"行业第一"，重塑行业规则

除了提升网点覆盖度，小米服务还在多个方面积极创新，颠覆了行业旧规则，使其率先在行业服务领域做到了三个"第一"。

1. 第一个"第一"。2011年12月，小米成立了行业内第一个寄修服务中心，开创了手机行业电商服务模式，集中解决了创业初期购机消费者的维修问题。如今，小米要求所有寄修机器在总部寄修中心的停留时间不能超过12小时。

2. 第二个"第一"。小米率先推出小米之家，是业内出现的第一个手机品牌的服务直营旗舰店，小米内部对它的定义是做服务和体验，而非销售职能。按照行业定规，售后服务是非核心业务，要尽量甩给第三方的授权服务网点来运营。小米却反其道而行之，率先开设了业内第一批服务直营旗舰店，主动跟消费者交朋友，给广大米粉提供了近距离接触小米的窗口。

3. 第三个"第一"。为了应对消费者吐槽的传统手机服务等待时间漫长的问题，小米率先在业内推出了"1小时快修"服务，从工单录入到维修完成的时间严控在1小时内，完成率为93%，处在行业领先水平。

三、1800万元打造点赞月，小米服务再出发

小米第一个在行业内推出了服务点赞月活动，为到店消费者提供包括免费除尘清洁、全方位检测、贴膜、保修期外维修免手工费等服务项目，并邀请消费者为网点服务质量进行"点赞"评分。据统计，约有100万消费者前往小米服务网点，享受手机贴膜、保养、维修等服务，仅免费贴膜一项就贴了55万张。超出客户体验的服务也迎来了口碑效应，整个点赞月的消费者点赞率高达96%。

在整个点赞月期间，小米的总投入超过1800万元。此前，鲜有手机厂商会为售后服务投入如此重金。小米联合创始人、副总裁黎万强表示："小米并没有将售后服务部门视为成本中心，而是看成跟消费者交朋友的窗口，通过服务点赞月，小米服务网点的形象、功能创新以及消费者满意度有了大幅的提升。"

此外，小米还与众安保险公司一起推出了"99元意外保障服务"。在购机时，消费者选择该项服务，如果出现了不慎碎屏、意外进水等问题，一年内可以享受免费维修服务。小米完全依靠自己的服务网络，直接为消费者提供可靠、安全的售后服务保障。

第六章

无界零售时代的体验：打造全新消费场景，提供叠加式消费体验

无界零售时代，消费者至上、体验为王

无界零售时代，消费者至上，体验为王，客户体验至关重要。为了应对电商的冲击，零售企业就要启动线上线下互动的模式，兼顾传统店面的体验，将消费者的客户体验最优化。

2014年起，GAP全面推进"网订店取"的项目，消费者可以在网上选中商品，然后到附近的GAP专卖店就地取货；另外，从网上选定商品后，消费者不需要立即付款，可以取货时再结账，如果临时改变主意，也可以随时取消订单。

同年，优衣库也率先在网店引入了虚拟试衣系统，消费者可以先选择一个和自己身形相仿的模特，"试穿"不同款式的衣服；还可以更换不同场景的"试衣间"，穿搭各种场合的服饰……如此，消费者足不出户便可找到属于自己的出色搭配。

卓多姿则开起了"时尚体验馆"，进行了"展示＋体验"的线上线下联动，为消费者打造了一种极致的线下购物体验和顾问式服务。消费者不仅能得到专业的服装搭配建议、便利的交易方式、价格实惠的产品，还能够直接购买服装。对于各种服务和场景，卓多姿悄然进行了多次的试验和改进，香薰、护肤品、配饰、服装时尚杂志等细节的增加，不仅让消费者更加真实地感受到了快时尚品牌的时尚和潮流，也让消费者享受到了"互联网＋"时代方便快捷的购物体验。

如今，中国互联网的低价已经逐渐暴露出众多弱点，零售业谈"免费"可行性不大，但"平价"已是快时尚品牌的共识，只要抓住"互联网＋"机遇并快速作出反应，摸索出适合自己品牌的方式，通过移动互联网增加消费者对品牌的共鸣和认同，就能提高消费者对品牌的归属感和热爱，成为新一轮超级品牌。

做产品的人已经明显感觉到，今天消费者决定你产品的成败，消费者对产品的话语权越来越多，消费者的口碑直接决定产品的好坏。无界零售时代，每个人可以发布信息，每个人的声音即使再微小，也会被世界听到，客户体验在这个时代决定产品的成败与否。当消费者开始使用你的产品，仅仅代表你的产品被交易出去，而此刻才是真正客户体验的开始，客户体验是否满意，将直接影响产品的口碑和销售。

其实，今天所有的行业都应该像娱乐业一样，不是销售产品，而是销售客户体验，超乎想象的客户体验可以为品牌带来忠实的消费者。

客户体验，过去理解为产品的外观和包装，其实产品体验贯穿在消费者使用产品时的每一个细节，做好就成为产品制胜的关键。所有的企业战略一定要具体到你的产品如何解决消费者问题，如何让消费者使用起来感到愉悦，这是非常重要的产品观。笔者个人认为，一个好的产品客户体验应该包括以下几方面：

一、超出消费者的预期

关于超预期，有这样一个故事：

拉斯维加斯有一家酒店，消费者退房结账后准备离开的时候，酒店会为每一位消费者提供两瓶饮用水，这家酒店的回头率特别高。原因是退房的客人驾车去机场，中间要经过 40 分钟的荒漠，天气很热会口渴。其实这两瓶水根本不值多少钱，但是超出了消费者的预期，让消费者感动。你想，消费者都结完账了，跟酒店没有关系了，酒店还赠送两瓶水，这是什么感觉？

另外一个案例是汉庭酒店。当年，汉庭酒店为各房间都配备了5种枕头，满足了不同入住者的睡眠需求，在国内是头一份。虽然这并不是什么革命性创新，但依然让消费者在打开衣柜的瞬间感受到了惊喜，完全超出了他们的预期。

二、让消费者有所感知

曾经某家著名电信公司，策划卖点是它的手机绿色无辐射。但该公司的这个卖点没有成功，因为消费者根本无法判断、无法感知。可能确实是绿色无辐射，但消费者看不到，看不到就等于没有。后来，这家公司又策划出防窃听功能，但能不能防窃听同样无法验证，而且普通老百姓根本就无所谓。

不是说绿色无辐射和防窃听对某些人不重要，而是说必须要有一种形式，让消费者感知到这些技术带来的好处。对于技术，笔者的观点一直是，真正的好技术，都能给消费者带来愉悦、欢乐，以及回味无穷的意味。

三、贯穿在每个细节

一次，一个叫斯科特·麦克凯恩的美国人要到一个城市给商业领袖做演讲，但他装西装的行李箱被航空公司塞进了另一个航班。他尝试着电话联系了一家叫做 Men's Warehouse 的男装品牌店，想让对方根据他的尺码准备西装。麦克凯恩此前知道这个品牌，但从来没有在这家店买过衣服。Men's Warehouse 快速应对，制作出了让麦克凯恩满意的服装，不仅提供了藏青色和炭黑色两套西装供他挑选，还准备了领带、衬衫和皮鞋。如此，麦克凯恩不仅在预期的时间内成功完成了演讲，还彻底成为该品牌的忠实消费者。

这就是细节的魅力。有时商家觉得自己的产品已经做得相当不错了，不见得消费者就会接受你的产品和服务，也许还有很多做得不到位的地方。将这些不尽如人意的细节改善掉，就会带来很好的口碑传播。某个细节不足，很容易将自己在电视、报刊等媒体上花费的宣传成本毁掉。

还有一些案例：一家很贵的五星级酒店，要 2000 元住一晚，上网不但不免费，而且一上网就要 180 元。又如，飞机头等舱很贵，但餐饮却令人难以下咽。更可笑的是，这样的企业天天讲消费者第一，用心服务，但这样的细节都不能改善，谁还愿意去住这样的酒店，乘这样的航班？

无论是虚拟服务，还是实体服务，在实现的过程中都存在着大量可以改善的细节，这些都是提升客户体验的机会。不管什么行业，对商家来说，技术革命的影响是长期的、平等的。在技术条件相差不大的时候，可以通过产品的体验设计，有效提升客户体验，让消费者感觉更愉悦、更有价值，这是建立品牌、建立口碑的一种有效方法。

客户体验的核心是产品为谁设计

客户体验就是生活。生活中处处涉及对产品的体验，如闹钟、卫生间、公交、打卡机、红绿灯、手机、电脑、键盘、鼠标……。每天，我们都在和产品打交道，每天都在使用和体验产品，有些产品在使用过程中会出现糟糕的状况。

客户体验就是商机。简单地说，和ROI（投资回报率）关系密切，直接的就是销售量提高、网站消费者黏性高。比如：色情网站的目的是营利，重点是它抓住了人的心理，甚至生理上的需求。

客户体验对消费者很重要。给他们一个积极、高效的体验，他们会持续使用你的产品，每次都会"按照正确的方式执行"。产品满足消费者某方面的需求并带来盈利，帮助人们提高生活质量，提高工作效率，改善人际关系等等。

客户体验就是"好用好看"，但是"为谁设计"是最重要的先决条件。

"为谁设计"，很多人都可能忽略，但这是客户体验设计的原点，只有明确了这一点，设计坐标系统才能明确下来；没有它，就无法正确定位产品好用、好看的努力方向，产品设计就会显得苍白无力。因为不同消费者群体的需求是千差万别的，比如老人群体、女性群体，就要进行有针对性地设计。

定义为谁设计，这是产品经理、设计主管，甚至 CEO 的职责，而如果 CEO 没有这样的认知，那么设计师就有责任且必须担负起这样的思考。而在好用、好看之间，好用永远都是第一位的。我们的原则是"保证好用、努力好看"。

设计的原点不是产品，而是人——创造出用着顺手的东西，创造出良好的生活环境，并由此感受到生活的喜悦。

"为谁设计"不仅要在设计执行中考虑，在项目管理产品决策层面也要重视。因为，它能帮零售企业找到节奏感，能够让企业知道哪些应该做、哪些不应该做，分出轻重缓急。

一、战略层

要明确产品目标及其目标消费者（做什么、为谁而做？），了解经营者和消费者分别想从零售企业得到什么。

来自企业外部的消费者需求是零售企业的目标——尤其是那些将要购买产品的消费者。与消费者需求相对应的，是零售企业自己对产品的期望目标。成功的客户体验，其基础必须是一个被明确表达的战略。了解企业与消费者对产品的期望和目标，能够促进客户体验的确立和制定。如何寻找产品的战略？这需要参考同类型产品、观察市场动态。

二、范围层

一旦将消费者需求和目标转变成零售网站应该提供给消费者的内容和功能，战略就变成了范围。进入范围层以后，在功能产品上，它就会转变成对产品的"功能组合"描述；而在信息产品方面，范围则是对各种内容元素的要求的详细描述。

那么，零售企业需要为产品做哪些功能？如：微信需不需要语音功能、需不需要加入摇一摇功能、需不需要朋友圈、需不需要导入QQ好友、需不需要加入订阅号和公共号、朋友圈评论对谁可见等。

产品功能的确定，需要紧随产品战略，否则产品还要进行很大的调整，甚至是夭折。如何收集功能需求呢？功能从何而来？一些需求适用于整个产品，如品牌需求或技术需求，另一些需求只适用于某种特性。

当人们说到某种需求的时候，多数想到的是产品必须拥有的、某种特殊的一句简短描述。消费者需求总会千差万别、参差不齐，了解"人们在想什么"的最佳途径就是直接询问他们。

需求的三个主要类别有：人们讲述的、他们想要的；消费者实际想要的；潜在需求。当需求找到后，要为需求定义优先级，优先级别是决定人们所建议的相关特性的首要因素。

三、结构层

在功能产品方面，结构层将从范围转变成系统如何响应消费者的请求。在信息产品方面，结构层则是信息空间中内容元素的分布。结构层确定各个将要呈现给消费者的选项的模式和顺序。主要包括：

1. 交互设计。为消费者设计结构化体验。

2. 信息架构。内容建设通过信息架构构建客户体验，产品关心的是理解消费者，包括理解消费者的工作方式和思考方式。

闭环化体验不是"闭关锁国"

在电商圈，京东推崇一站式超级体验，基于自营物流能力的闭环化体验成就了京东；在科技圈，苹果推崇一致化体验，产品体系讲求一致化的客户体验，也形成了类似闭环化的产品生态圈。不可否认，闭环化体验是打造最佳客户体验的终极之路，但是不能将闭环化体验错误地理解为拒绝外部合作的闭关锁国，京东和苹果背后都有大量的供应商支撑。

线下零售和线上零售并不是零和博弈，不是谁消灭谁的关系，线上零售无力支撑庞大的线下门店体系，线下零售也很难搞定电商玩法。这方面，百丽电商就是一个典型案例。

百丽的门店数量有很多，一心想搞自控的独立垂直电商平台，下大力气运作淘秀网、优购网，结果线下门店优势丝毫没有展现出来，反而严重拖累了营收。用刘强东的话说，如果百丽把电商部分交给京东，百丽收获的将是至少每年数亿元的净利润。

为了最佳客户体验，京东搞了庞大自营物流体系，最后还给搞成了，新达达当年也硬生生把众包物流给做起来了。但是，投资须谨慎，模仿有风险，世界并不需要太多平台级企业，绝大多数企业需要通过产业链分工合作来降低运营成本和风险。

从商业模式本质来看，零售业、餐饮业等众多行业都存在渠道升级的边际成本考验，你不可能为了送个外卖组建一支外卖骑手队，你也不可能为了送快递开一家快递公司，因为这是无法应对订单增长的不可测边际成本。新达达、滴滴、Uber（优步）等社会化商业新物种一个个出现，通过社会化的众包力量解决了海量订单和实时需求的边际效应问题，催生和创造了新分工需求。

如今，社会化物流、共享出行等社会化商业模式正在崛起，它们用大数据算法和超级计算能力创造了新的生产力，在不增加社会资源供给的情况下，用连接的方式创造性提升了社会效率。可是，无界零售不是取代电商，只会让纯电商的日子以后越来越难过。那么，在无界零售时代，企业又该如何完成交易闭环？

一、搭建自有渠道，增加流量来源

获得源源不断的流量是众多零售企业梦寐以求的事情，如今除了开设门店，入驻淘宝、天猫、京东等各大电商平台外，运营品牌自主的网站、微信公众号、移动端 APP、Wap，甚至社群，也成为众多零售、电商的选择。这样做，虽然会提高人力、物力等方面的投入，但若运营得当，好处也很

明显:

首先,平台上入驻商家数量庞大,单个品牌分得的流量有限;不同渠道覆盖的群体有所区别,针对品牌、产品特性选择合适的渠道,从而触达更多人群,各个渠道还可互相导流。

其次,企业可利用自有渠道主动触达消费者,提高消费者活跃和留存,不必受限于平台的策略和控制。另外,企业可以对不同渠道的消费者、经销商进行更精细化的管理。

二、从消费场景切入,打造人性化支付体验

支付是商业变现的重要一环,无论在哪种使用场景下,如何给消费者提供便捷、人性化的支付体验都是零售企业必须重视的问题。

零食品牌来伊份覆盖了从线上到线下的多种支付场景,消费者能在微信公众号里直接下单,之后使用微信支付、找人代付、信用卡、储蓄卡等四种方式付款;在APP里,消费者可以使用支付宝、微信、悠点会员卡、伊点储值卡、亲密付等五种支付方式;在官网上,消费者可以选择网银支付、财付通、支付宝、银联、储值卡、预付款等六种方式付款;在门店,消费者可以选择现金、信用卡、借记卡、微信、支付宝、储值卡支付。在不同的电商平台上,来伊份均支持多种支付方式,最大限度满足了主流消费者的支付习惯。

随着移动支付的普及,自助支付逐渐成为线下零售店的标配。在便利

店、超市购物，店员扫完商品后，消费者自己扫码，就能完成支付，减少了找零的麻烦；在麦当劳，消费者只要花费一两分钟在自助点单机戳戳点点，就能下单，自由选择支付宝、微信支付等方式完成线上支付。

在线上、线下各个消费场景打造便捷、人性化的支付体验，有利于让消费者主动消费和分享，提升消费者黏度。对于企业来说，完善的支付体验也可以提高服务效率，减少人工成本。

三、融合场景，提升消费体验

2015年"双11"期间，三只松鼠销售额达5亿多元，获得食品类目"双11"的销售五连冠。在电商红利渐失的情况下，三只松鼠如何取得这么棒的成绩呢？

三只松鼠搭建了完整的消费者账户系统，时不时推出有针对性的优惠券、会员营销活动。针对注册新消费者，三只松鼠推出了100元红包，新消费者可获得5~30元的满减优惠券，起到拉新作用。针对老消费者，三只松鼠建了"松鼠币商城"，注册消费者签到就能获得对应的松鼠币，松鼠币可以用来兑换零食、优惠券等礼品，借此达到活跃老消费者，提高留存的效果。此外，它还举办了限时抢购、团购、限量免单、节日促销、周边换购等丰富多样的营销活动，大大提高了商品的流通效率。

为了提升消费体验，三只松鼠在三、四线城市中心开设门店，店里摆满零食以及舒适的桌椅，供消费者体验。三只松鼠并不鼓励消费者在门店里购买，而是引导消费者在逛完门店之后到网店、APP中下单购买。三只松鼠开设旗舰店的目的，并不是直接销售商品，而是通过线下的商品展示，唤起消费者对品牌、服务的感知。

再举个大家熟悉的例子：优衣库。2016年"双11"，优衣库再次获得服装类的销售冠军，这得益于它的无界零售体验经济策略。优衣库母公司迅销公司披露的全年业绩公告显示，未来目标是将电商占比提升至30%，并通过全渠道的方式提升消费体验。

具体来说，优衣库的全渠道服务是：网店下单，线下门店提货的服务。活动期间，消费者购买"双11"精选商品并选择"门店自提"的收货方式，就可以在线下门店快速提货。这项门店自提业务如今已经覆盖优衣库天猫旗舰店全品类。利用门店自提服务，优衣库实现了线上线下的资源整合。

无论是从线上走到线下的三只松鼠，还是从线下走到线上的优衣库，它们都在融合线上、线下的使用场景，将线上作为流量入口，利用线下整合资源，提供真实的体验场景，优化消费者体验。当然，随着业务扩张，这类企业不可避免地将面临许多问题。比如，门店越来越多，如何有效管理所有门店的交易？针对不同的经销商，有不同的分成规则，账务清分困难；既有线上交易，又有线下交易，不同渠道的交易数据、分成又该如何区分和管理？

多级商户系统是适用于商城和平台类商户的支付解决方案，可以很好地帮助企业解决以上问题。对于商城和平台类商户，通常有多个子商户在平台上进行统一运营和管理，通过多级商户系统服务，可以满足平台上所有的交易请求处理。商户接入多级商户系统后，可以轻松管理全平台的交易与账务，全局把控所有子商户的交易数据，根据与子商户的分成规则，高效实现多级商户的账务清分。

如今，线上和线下的区隔渐渐被打破，零售全渠道是未来的一个必然趋势，而且得益于移动支付带来更好的服务，全渠道的展开也更为简便。无论你是电商还是传统零售商，唯有紧跟变化趋势，打通线上、线下渠道，方能更好地实现商业化。

体验活动的最高境界：产品活动化，活动产品化

为了提高销售量，很多零售企业都在朋友圈搞营销，今天萌宝大赛，明日最美辣妈，今天集赞送好礼，明日转发抽奖赢 iPhone 6s……往往这样的活动数据都很好看，只要操盘手略有一点经验，涨粉过万不是难事。于是，心动的老板发话了："×××，你也去给我做个这样的活动。"于是，下属立刻埋头写起了活动策划……

可是，现实是：所谓拉新活动的消费者留存都不高，50% 应该算比较高的数据了。而且在留存下来的消费者中，有一部分不是零售企业的目标消费者，只是还没取关而已；还有一部分虽是目标消费者，可是他们有多少人想过主动去体验你的产品呢？

也就是说，这样的活动对于零售企业的最终目的——转化，或者订单转化，或者功能使用率的转化，都价值不高。那么，怎么才能完成一个合格的活动运营呢？笔者认为有两个核心要点。

一、产品活动化

营销活动的原则是：做营销，要结合产品，而不能脱离产品。所谓产品活动化，是指活动立意一定要从产品的角度出发，让消费者参与活动的过程接近于体验产品。

常见的几种产品活动化方案有：

1. 各种代金券红包

常见于有产品支付环节的产品，如美团、滴滴打车等。

首先，从产品角度来说，代金券的使用出口必须是产品，如此消费者就只能通过体验产品来消费这些优惠券、代金券、满减券等，只要产品质量不错，消费者就有可能对产品产生好感，进而留存下来，甚至在下一波优惠活动来临时，主动分享给朋友。

其次，从消费者角度来说，代金券直接和金钱减免挂钩，受利益驱使，消费者一般比较受用，而且消费者既然会花费时间精力参与、领取甚至消费这个代金券，说明他是你梦寐以求的目标消费者。要知道，一个精准消费者的价值远胜于十个无效沉默消费者。

2. 产品模块，可视为活动

活动机制中设定的参与方式是体验某个产品环节，比如，百度知道"天天爱答题"。消费者每天回答一个带有"天天爱答题"标识的问题，就能完成一次签到；持续签到20天，就能领取20元话费。如此，消费者通过活动和产品建立了连接，百度知道也从"想要奖品"这个利益点驱动消费者变成了既"想要奖品"又"使用产品"的真实活跃消费者。

3. 充满参与感的 H5 小游戏

这里只分享一个有代表性的案例：优步猴赛雷漫步。

热点：春晚吉祥物"康康"公布、全民吐槽"猴赛雷"产品；

贺词"优步祝您新春快乐"；

奖品：优步乘车优惠码；

参与感：玩法有趣、朋友竞技、互动性强。

二、活动产品化

1. 类产品设计

如果将活动看作一个产品，运营就是它的产品经理。因此，零售企业可以从消费者、场景、需求等三个角度出发设计活动，并在上线过程中不断优化、改进。

2. 结构化思维

不同的活动类型，有相应不同的执行细节和注意事项。看似简单的"周年店庆送代金券"活动，新手和老手做出来的成效肯定会有所差异。因为新手缺少经验，会走很多弯路，甚至犯一些错误。

第七章

无界零售时代的组织嬗变三要素：
环境、战略、组织

环境：不稳定、不确定、复杂和模糊的无界零售

毫不夸张地说，即将到来的"无界零售"会彻底改变整个零售行业的格局。

未来无界零售的环境会趋于VUCA化——变得极其不稳定（Volatile）、不确定（Uncertain）、复杂（Complex）和模糊（Ambiguous）。零售业会呈现出以下几个特点：

一、消费者越来越追求个性化的产品和服务

所谓个性化消费，是指出于自身收入水平、知识水平的提高和商品与劳务的丰富，消费者的行为会变得更加成熟，消费需求更加复杂，消费心理更加稳定；消费者购买商品不再只是满足对物的需求，更加看重商品的个性特征，希望通过购物来展示自我，实现精神上的满足。

个性化消费的特点，主要有以下几个方面：

1. 注重心理满足。心理满足是相对于生理满足来说的。消费者首先满足的是日常的衣、食、住、行、用等需求中最基本的一部分，强调的是生

理消费和生理需要。在个性化消费时代，在满足了基本生活需求的基础上，消费者更注重心理需要，更会以心理感受作为衡量消费行为是否合理、商品是否具有吸引力的依据，消费时更加追求个性和情趣。

2. 强调商品或劳务内在的质的要求。传统消费方式下消费者关注的主要是"货真价实"，对购买过程和消费过程很少关注。现代消费者则开始享受购物过程，注重商品购买过程中、使用后的服务与信誉，关注商品的时尚性、独特性和安全性。

3. 注重消费的文化内涵。消费者在消费时，注重商品的新颖和流行时尚，注重商品的欣赏价值和艺术价值，追求名牌所蕴含的文化特质，有着独特的个性化要求。

二、竞争与合作的规则更复杂

未来零售环境的 VUCA 化将会给零售企业的组织提出很大挑战：不稳定性，要求零售企业的响应要更加敏捷；不确定性，意味着企业需要收集更加系统、全面的信息；复杂性，要求企业进行组织重构；模糊性，要让企业带着开放的心态，对可能的机会进行试验求证。

传统的管控式科层组织以"计划、管理、控制"为核心，难以支持快速敏捷的创新、适应未来无界零售时代的要求。因此，我们必须要对现有的组织模式做出改变。

战略：从"一体化"到"一体化的开放"

无界零售革命的到来引发零售企业战略的更新：要从"一体化"走到"一体化的开放"模式。

一直以来，很多企业都笃信"成本、效率、体验"，这样定位零售企业的核心竞争力：前端客户体验，后端成本、效率。前端谁的客户体验更好，后端谁的成本更低，谁就有持续的竞争力。团队是基础层、根基层，上面一层是系统层，就是公司最核心的三个系统——IT系统、物流系统和财务系统，最上面就是消费者。

在过去的十几年里，中国零售企业总体来说发展得还不太成熟，配套服务相对不完善，在这种情况下垂直一体化是保证成本、效率、体验的最佳方式。以物流服务为例，长期以来快递公司的物流配送速度难以保证、服务水准不尽如人意，成为阻碍电商发展的一大痛点。因此，零售企业完全可以投入自建物流，通过一体化整合的模式来保证效率和客户体验。今天，物流确实成为很多零售企业极其重要的差异化优势的来源。

未来可以预见的是，电商环境会越来越成熟，社会物流的水平不断提高、零售数据的沉淀日益丰富、基于数据的服务层出不穷……零售基础设施和今天不可同日而语。这意味着，借助现代化的技术手段，企业可以轻易地调动专业的商品流、数据流和资金流服务，无须自建。

换句话说，未来"成本、效率、体验"不再是通过一体化整合的模式从企业内部求得，而是依靠平台化、网络化，从企业外部求得。网络协同会超过规模经济的力量，成为实现"成本、效率、体验"的重要驱动因子。

在"无界零售革命"的大潮中，零售企业要努力成为未来零售基础设施的服务商，主要原因就在于：一方面，企业拥有的资源和能力将不仅仅服务于自身的平台，还要对外开放——首先通过"模块化"，将业务活动打包成独立的、可复用的组件，其次通过"平台化"形成稳定、可规模化的产品，最后通过"生态化"将内部使用的模块对外赋能消费者；另一方面，要懂得连接和调动外部的资源和能力，不仅追求"为我所有"，还要"为我所用"，不断突破自身能力、规模和速度的边界。

从"一体化"走到"一体化的开放"，对零售企业来说是一个巨大的战略转变。消费者不仅仅是网上的消费者、供应商和卖家，还有线上、线下的其他零售商、品牌商与合作伙伴。零售企业的系统不仅仅要支撑网络商城的业务，还要服务于未来的无界零售场景、赋能于供应商和品牌商。这都需要依靠底层最核心的团队能力和组织保障。

在过去的组织模式中，只需要服务于单一的零售场景——零售商城，各项业务活动在长期的磨合中，已经形成了"你中有我、我中有你"的咬合关系，这意味着配合度取决于执行力。但是未来的战略决定了零售企业需要面向多场景、多消费者的类型，这就需要打开原来业务之间的关系，更加标准化、灵活性地满足外部市场不断变化的需求。因此，现有的组织模式必须要进行改变。

组织：灵活组合、赋能开放、随需应变的"积木组织"

零售企业的组织应该如何改变？零售企业过去的组织形态如果用两个字概括，就是"整合"——以内部模块为基础，依据外部变化将各个环节衔接在一起，形成高效的整体解决方案。

未来，为了服务于多元的场景和多变的需求，零售企业的组织需要变得更为灵活、敏捷，成为积木型的组织。积木型组织的含义是：打开业务环节之间的强耦合关系，使之成为一个个可拆分、可配置、可组装的插件。通过对多个可选插件的个性化组合，可以满足消费者不同的偏好和需求。

如同乐高积木一样。乐高共有3200块标准化砖块，通过统一的接口进行不同的组合叠加后，能够拼装成任何一个想象出的造型——小到一辆汽车模型，大到2012年伦敦奥运会场景……积木组织的形态可以概括为"整合+组合"。整合是以零售企业为主导的，根据未来零售创新的趋势，零售企业非常高效地整合出一套"一体化的解决方案"，直接赋能于消费者；组合则是以业务为主导的，消费者可以在类似于应用商店的平台上挑选应用的组合，满足各自的需要，也就是说消费者是被平台所赋能。

"整合"与"组合"形成平衡和统一：在前端，是灵活自主的业务团队，这些业务团队离消费者最近，能够精准地理解需求，并在此基础上快速响应。支撑前端业务的是零售企业能力与资源的组件——也就是标准化的业务积木，它们以产品或接口的形式开放给前端业务，并在复用过程中不断迭代更新、自我强化。在最后端的是与业务弱相关的职能积木，也是全集团的公共基础设施。

这些积木在各自的领域内不断深入求精，并支持整个组织体系的运转。所以，整个组织体系是资源协同和敏捷应变的统一。越是在前端，组合性就越高，充分调动业务团队的灵活应变性；越是在后端，整合性就越高，最大限度地进行资源协同和复用，最终达成"合则全盘调动、分则独立运营"的组织状态。

积木型组织具有三个特点：灵活组合、赋能开放、随需应变。

一、灵活组合

灵活组合是指零售企业自身业务的标准化、组件化。

经过十多年的业务发展，零售企业已经积累了大量的资源和能力。例如，具有领先的物流系统、IT系统和财务系统，这三大系统构成了零售企业最重要的基础设施，但是在过去它们是相互适应、咬合在一起的。换句话说，如果单独地拿出单个系统，很难成为独立的、可以对外服务的产品。

灵活组合要求不同的业务活动能够标准化、组件化，可以随意地配搭。就像交响乐团表演时，指挥既可以调动某个器乐组单独演奏章节，也可以协调几个器乐组一同合奏章节，展现对交响乐的不同表达。

零售企业在"灵活组合"上进行了积极的探索，"开普勒"项目就是建立在对各个业务活动组件化的基础上，将电商、物流、客服、交易、数据、选品等业务环节 API 化后组装起来，可以提供给流量端。之后，流量端就能根据自己的不同情况选择部分或全部组件，通过导购、入驻、买断等方式接入京东的电商服务，实现流量的变现。

二、赋能开放

赋能开放是指将零售企业的积木组件开放给外部（由内而外），同时也连接外部资源为己所用（由外而内）。

零售企业过去的成长逻辑主要是依赖自建和自营。在这一过程中，零售企业已经建立起了规模优势和良好的口碑。我们相信：未来随着物联网和智能技术的发展，零售业的成本、效率、体验不仅仅是从自身求，还要从外部求；不仅仅依靠自建式的规模经济，还要借助连接式的网络效应。因此，未来零售企业要赋能开放，并通过赋能开放进一步放大目前的成本、效率、体验优势。这意味着基础设施不能仅仅服务于单个企业，应该让更多方受益：通过开放、连接，将积木的作用发挥到极致。同时，也要更加开放地接入外部的资源能力，服务和丰富零售企业的生态，实现共生、互生、再生的良性增长。

2017 年 4 月，京东正式组建了物流子集团，向全社会输出京东物流的专业能力，提供供应链服务、快递、快运、跨境物流、云 + 物流科技等服务。这样，既放大了京东自身规模经济，又能帮助产业链上下游的合作伙伴降低供应链成本、提升流通效率，共同打造极致的客户体验。

三、随需应变

随需应变是指：最终积木的组合会契合消费者的需要，并根据不同消费者的不同需求而改变。

过去零售企业所有的业务活动只服务于一个场景：商城。无论是仓配、运营、服务，还是营销，标准都相对固定。未来的消费者可能是无界零售场景中的任何一个消费者、渠道、商家或品牌商；其规模可大可小、SKU数量可多可少、业务需求可繁可简。但无论是哪一种情况，企业组织系统都要为消费者提供随需而变的服务，满足每个消费者的独特需要。

零售企业正在摸索这样的业务和组织模式：一方面，通过对已有业务能力的积木化，形成可配置的解决方案；另一方面，在与不同伙伴合作的过程中，积极发展和打磨符合新业务场景的积木。

在零售企业从"零售商"向"服务全社会的零售基础设施服务商"转型的过程中，随需应变会逐渐流程化、常态化，成为积木组织模式的印记。

第八章
无界零售时代的供应链：优化供应链条，强化依存关系

无界零售时代的供应链变革与挑战

无界零售改变的不是零售的本质，零售系统将变得极其可塑化、智能化和协同化，推动"无界零售"时代的到来，实现成本、效率、体验的升级。正是基于技术的应用和创新，多年来京东一直堪称业界标杆，成本、效率、体验已经成为其成功的关键。

大家对于网上购物并不陌生，但每一次销售大促对电子商务来说都是一个考验。2017年京东"6·18"期间累计下单金额1199亿元，访问压力是平时的20倍。想要支撑如此庞大的运营规模，不仅要具备丰富的零售经验，还要利用技术让零售变得更加智慧。

零售业正处在变革的前夜，一场暴风雨过后，整个行业不仅会带来一些新机会，也会颠覆一些旧模式。过去20年的互联网只是整个零售数字化进程的一个序幕，互联网改变了交易端，但对供应端的影响还很小。数字化进程的下一幕，物联网和智能化对行业的改变会更加深刻、彻底。在即将跨入的智能时代，实现成本、效率、体验的方式将变得完全不同，这也是未来零售业创新和价值实现的机会所在。

一、为供应链加点"智慧"

基于智慧供应链，京东才可以支撑"6·18"期间如此庞大的交易配送，最快一单在12分钟内完成。京东供应链基本形成了中小件、大件、冷链、B2B、跨境、众包六大供应链网络。融合京东过去12年的零售经验，京东打造敏捷、智慧、开放的零售供应链，不断满足日益变化的消费者期望。

供应链有着众多的参与者和参与方式，链条长且复杂，要想实现智慧供应链就必须将零售数据和人工智能结合，实现供应链从设计到执行各个环节的智能化。像利用算法来预测需求、利用机器进行拣货等。

为了实现智慧供应链的计划和执行，京东先后成立X和Y事业部，其中：X事业部打造了三大无人技术产品"无人仓、无人机、无人车"，Y事业部打造了智慧供应链能力，利用人工智能技术驱动零售革新。

京东打造了覆盖"商品、价格、计划、库存、协同"五个领域的整体解决方案，帮助京东商城与合作伙伴解决"卖什么、怎么卖、卖多少、放哪里"等零售核心问题。智慧计划可以更好地进行商品管理，智慧库存可以优化周转现货能力，当然这些环节还要进行协同，形成一个智慧的链条。

京东使用了经济学中的量价关系价格弹性模型，针对上百万个差异化的SKU，做出个性化建模，为商品确定了最优的价格。其将内部和外部数据整合到价格弹性模型中，根据不同品类的商品定义多个价格影响变量；

同时，为了保证定价不会发生错乱，动态定价系统还建设了风控体系。

京东为每个 SKU 都做了特征值建模，实现了销售预测，不仅知道哪些特征值会影响销量，还预测到相对准确的销售量，指导仓库下单和补货；之后，利用机器学习分析需求时充分考虑季节、地域等现实因素。依托人工智能，京东已经实现了两千多万商品单元的需求预测。

在仓库中，各种无人设备实现了自动化库存管理。比如：智能搬运机器人 AGV 通过二维码，可以识别和导航行走；六轴机器人 6-AXIS 通过算法，可以实现不同大小货品的码垛，提高 30% 的码垛效率；DELTA 型分拣机器人采，用 3D 视觉系统，实现了动态拣选、自动更换拣拾器，效率提升到人工拣选的 5~6 倍。

通过采用物联网技术，对人员、车辆运行和货物数据的采集、分析和深度挖掘，京东实现了从设备端到云端的物流智能管理，为智能化京东资产效率提供了助力。

二、智慧供应还在继续进化

利用技术驱动供应链的优化和创新已经成为智慧供应链的使命，大数据和人工智能已经成为智慧供应链的核心技术。通过业务流程的数字化，京东积累了大量的数据，为智慧化提供了有效支撑。

人工智能包括机器人、机器学习、深度学习等都是通过大量京东的实际零售数据进行学习，将经验进行固化，构成供应链的核心功能。早在

2012 年京东基于 Map Reduce 计算框架部署了大数据平台，目前数据量已经超过 100PB，日均增长 200TB。但不同数据源需要经过多次数据的抽取、转换和装载（ETL）过程才能到达数据仓库，成为联机分析处理 / 商业智能（OLAP/BI）的数据。

分析效率和持续的数据分析逐渐成为零售企业思考的问题，只有数据的快速分析，才能更好地支撑商业决策。京东和英特尔的合作，开始从 Map Reduce 向 Spark 迁移，在 Spark 计算框架下，各种操作尽可能串接在一个阶段中，直到遇到数据交换或最终运算结果输出，如此大大减少了对 HDFS 的访问。另外，对于一些反复使用的数据，可以将计算结果缓存到内存或者磁盘上，提高后续计算的访问效率。

通过产品库存制定促销价格和策略，基于英特尔至强处理器平台的 Spark-SQL，只要花费不到原来一半的时间，就能得到运算结果，打造更机动的促销方案，优化库存，实现利润最大化，实现整体供应链的优化。

应用大数据分析的供应链已经变得更加高效，但想要更加智慧还需要深度应用人工智能。京东的人工智能已经渗透到供应链的各个环节之中，YAIR 零售人工智能算法平台整合了预测平台、运筹优化平台、模拟仿真平台、舆情分析平台等四大平台，推动了供应链的持续创新。

YAIR 零售人工智能算法平台是基于泛化能力，分离数据、模型和框架，自动寻找每种模型最优参数，集成不同模型，提供最优预测结果。同时平台还提供数据管理、模型选择、任务调度、结果可视等基础功能。

零售企业要持续打造供应链人工智能平台的三大能力，包括预测、优化、模拟。这些都是构成未来商业决策核心的能力。可以通过开放平台的形式为合作伙伴、零售商等提供帮助，实现整体供应链的优化，带动行业共同前行。

未来越来越多的技术也将涌入到供应链领域，零售企业要打造端到端的防伪溯源平台，连接消费者、零售商、品牌商、政府、行业协会、检测机构等，打造一个可信、安全、透明的经济生态。

零售转型的供应链优化与物流升级

2016 年 7 月 28 日在"灵活物流制胜全球——零售和消费品行业供应

链管理沙龙"上，UPS 中国华南区快递业务总经理杨青指出了目前中小企

业供应链管理的重要性，他说："好的供应链管理能够有效帮助零售业降

低成本，提升效率，从而助其更快地抢占先机。"主办方世界经理人和全

球领先的物流供应链服务提供商 UPS，邀请相关企业高层代表和供应链专家，

与参会中小型出口企业一起探讨了零售和消费品行业的供应链管理之道。

在零售转型的过程中，供应链的优化与物流升级成为必然。

一、机遇与挑战并存，零售业力求革新

创新是推动零售业发展的巨大引擎。零售业正在酝酿新的变局，在经

营理念、技术手段、运营模式以及服务消费方面等均需变革形态。

随着全球经济持续低迷，竞争日趋白热化，中国零售业的发展同时

面临机遇和挑战。科尔尼管理咨询公司 2016 全球零售业报告显示，中国

连续第二年排名全球零售业发展指数的首位，未来发展潜力巨大。根据

经济学人信息社预测，2016 年亚洲区域的 GDP 增长率达到 5.4%，居于全

球首位，远远高于全世界 GDP 增长率 2.7%，成为全球经济增长前景的主要驱动力。

然而另一方面，零售业正在遭受包括电商在内的多方夹击。资料显示，从 2015 年到 2019 年，电商零售业的营业额增长将持续超过实体店销售的增长。除此以外，国内零售业产品同质化严重，行业成本上升，供应链复杂，给现阶段零售业带来了巨大的挑战和压力。面对如此窘境，零售业亟须转型升级。

创新驱动下，出口企业的发展趋势已初露端倪，跨境电商便是其中之一。资料显示，2015 年全国进出口总值为 24.58 亿元，同比下降 7%。其中，跨境电商交易规模为 5.4 万亿元，同比增长 28.6%。作为零售业的新趋势之一，跨境电商发展的关键是全球供应链的整合，其对企业的运营、销售渠道等均提出了更高的要求。除此以外，零售业还呈现出以下三种趋势：全方位购买渠道；优质的售后服务；社交媒体的影响。新的趋势意味着新的需求，企业需要不断优化供应链来满足这些潜在的需求，从而有效提高消费者对品牌的认知度、美誉度和忠诚度。

二、供应链管理优化，链条式思维获共赢

为了抢占市场先机，供应链管理成为企业之间的竞争利器。供应链是出口企业的生命线，零售企业要以链条的思维去看待自己的生意，要和上下游供应商实现共赢。

如何帮助上下游供应商以实现共赢？假设零售商没有足够资金进行采购，就要转变以往的思维，以链条式的思维去看待这件事情：可以帮助他

加快周转,将货物寄送到他的境内,同时让自己的物流合作伙伴为他提供多渠道补货的方案;如果有线上渠道,甚至应该给他提供减轻库存压力的方案,比如一键代发货等。通过重塑上下游供应商的连接方式,你的企业就有可能成为他人无法取代的合作伙伴。

在市场变化过程中,这是用供应链的思维实现企业突破的事实。在行业竞争激烈的前提下,供应链的优化足以成为一个企业的核心竞争力。当然,帮助企业实现供应链管理的关键之一是物流,优质的物流服务能力能够让企业在新的竞争趋势下抢占先机,并帮助企业提升效率,降低成本。

1. 帮助企业缩减成本,物流企业若有好的优化的供应链,便能够降低其劳动成本,减少仓储费用,以及避免不必要的罚款和延误等;2. 帮助企业促进销售额,增加重复销售率,并通过帮助企业加快支付速度而改善现金流;3. 帮助提升消费者满意度,简化退货流程,提高订单交付的质量。

三、解决物流痛点,提升客户体验

"客户体验的生命线就是物流"是零售企业的普遍共识,也是所有企业的痛点。只有切实将物流难题解决掉,零售企业才能破风前行。

有一家专注于手表设计和生产销售的企业,60%的业务为B2B外贸出口,产品主要出口欧美等国家,因其快速的反应能力而受到众多海外买家的青睐。在一次积极开拓新兴市场的过程中,一位巴西的消费者让这家企业体会到"最后一公里"物流的重要性。

由于企业自身出色的设计制造能力,所有产品生产皆按照消费者的规定时间全部完工,然而最终却因物流延时而降低了消费者满意度,此前工厂加速赶工的所有努力都白费。这时经理才发现，物流对客户体验的重要性，而时效性和安全性正是所有物流的核心价值所在，只有具备上述二者，才能真正提升消费者的满意度。

类似这样的案例并不罕见。物流企业有责任确保消费者的货物及时送达，而这也是最为基本的。针对于此，强大的物流合作伙伴应该具备三项能力：1. 能够满足消费者多渠道销售的需求；2. 强大的清关能力；3. 先进的管理系统，可提供可视化跟踪的信息服务。

今天的 UPS，不再是仅仅为消费者提供一项单一的产品，UPS 更强调的是为消费者解决困惑和痛点，并为其提供定制化的解决方案，让消费者实现自身价值的最大化。除此以外，UPS 还深入研究行业状况，对市场的最新动态皆有所洞察，并以此提供企业更多行业前沿信息，以帮助企业抢占市场先机。

让供应链更智慧，让零售更无界

如今，全球化采购模式、JIT 生产方式和精敏供应链概念等先进的管理模式已经在许多企业得到了应用与推广。虽然能够实现供应链运作效率的提升，但也削弱了供应链抵抗各类干扰事件的风险应对能力。

供应链上任何节点发生影响正常生产的失效事件，会迅速波及与其直接相连的上下游企业，进而沿着供应链网络连接影响到供应链上所有的成员企业。最终，发生在节点企业上的局部失效事件会对供应链的整体正常运作带来深远影响，严重时甚至会引起供应链中断，供应链运作成本急剧上升，客户服务水平被迫降低。这样的例子在近几年中已经时有发生。

1995 年的日本神户大地震，几乎神户市及其周边各处的所有交通运输系统都遭到破坏。作为世界第六大港口的神户港完全陷入瘫痪状态，导致全日本近一半的进出口业务停顿。实行精益生产的日本丰田汽车公司，关键零部件供应商中断了供应，不得不停止特定型号汽车的生产，当年的实际汽车产量比预计少了 3 万辆，直接收入损失约为 4 亿多美元。日本是全球第二大经济体，几乎所有的跨国公司与其都有着密切关联，神户大地震的影响迅速波及全世界。微软、宝洁、思科等跨国公司紧急关闭了日本公司总部，并且迅速地将相关机构从震区撤离。

无独有偶。

2000 年，飞利浦公司位于美国新墨西哥州的一家芯片制造工厂受到雷击，发生火灾。当时，该工厂是全球最大手机制造商——爱立信的唯一手机芯片供应商。火灾使飞利浦损失 4000 万美元的生产订单，仅占其当年销售额的 0.6%，但是对其消费者的影响却是无法估量的。手机芯片发生供应中断，爱立信被迫停止生产高档手机，直接利润损失高达 23 亿美元，公司股票价格下跌 13.5%。更为可怕的后果是，受这场火灾的影响，爱立信在第二年不得不退出手机终端市场，与索尼成立合资公司生产手机。

随着传统供应链的发展，技术的渗透性日益增强，很多供应链已经具备了信息化、数字化、网络化、集成化、智能化、柔性化、敏捷化、可视化、自动化等先进技术特征。在此基础上，"智慧供应链"只要将技术和管理进行综合集成，对技术和管理的综合集成理论进行综合论述，就能系统地指导现代供应链管理与运营的实践。

"智慧供应链"与传统供应链相比，具备以下特点：

智慧供应链与传统供应链相比，技术的渗透性更强。在智慧供应链的语境下，供应链管理和运营者会系统地主动吸收包括物联网、互联网、人工智能等在内的各种现代技术，主动使管理过程适应引入新技术带来的变化。

智慧供应链与传统供应链相比，可视化、移动化特征更加明显。智慧供应链更倾向于使用可视化的手段来表现数据，采用移动化的手段来访问数据。

智慧供应链与传统供应链相比，更人性化。在主动吸收物联网、互联网、人工智能等技术的同时，智慧供应链更加系统地考虑问题，考虑人机系统的协调性，实现人性化的技术和管理系统。

……

"智慧供应链"是结合物联网技术和现代供应链管理的理论、方法和技术，在企业中和企业间构建的，实现供应链的智能化、网络化和自动化的技术与管理综合集成系统。未来的智慧供应链不仅能够实现供应链运作更高效，而且可以保证供应链运作更可靠。

一、基于消费者个性化需求的供应链可靠性设计

不断扩大的消费者需求已经成为供应链管理中的第三大难题。虽然迫切需要与消费者进行沟通，但是零售企业还是倾向于将工作重心放在供应商沟通上，而不是消费者身上。大多数企业是与供应商合作完成产品设计，而只有少数企业是与消费者合作来完成的。

智慧供应链管理将与消费者关系管理紧密融合，在智慧供应链中，消费者将成为供应链系统不可分割的一部分。一方面，供应链管理人员需要站在消费者角度来思考问题，将消费者需求融入供应链管理的方方面面；另一方面，鼓励和促进消费者参与供应链系统的运行和管理是智慧供应链的另一重要特征。

普通供应链通过与消费者互动，进而提供及时、准确的交付物。智慧供应链则是在整个产品生命周期（从产品研发、日常使用到产品寿命结束）都与消费者紧密联系。通过大量的信息交互，智慧供应链可以进行详细的消费者分类，并为他们量身定做产品。

从供应链可靠性角度来看，消费者需求是另一种需要关注与管理的资源，它将有助于平衡供求关系，确保供应链系统的供应可靠性；从消费者角度来看，购买消费产品是一种经济性选择，通过参与供应链的运行和管理，修正自身订购和购买产品的方式，从而获得实实在在的好处。

考虑到并非所有的消费者都要相同等级的供应可靠性，因此，可以从"标准"到"优质"对供应可靠性进行分级。智慧供应链将以不同的价格水平提供不同等级的供应可靠性，以满足消费者对不同供应可靠性水平的需求，同时要将优质优价写入供应服务的合同中。

二、智慧供应链是自愈供应链

所谓自愈，指的是能够将有问题的成员企业从供应链系统中隔离出来，在很少或不需要人为干预的情况下，使供应链系统迅速恢复到正常运行状态，从而几乎不中断对最终消费者的产品供应服务。从本质上讲，自愈就是智慧供应链的"免疫系统"，这是智慧供应链的最重要特征。

自愈供应链，通过连续不断的在线运行状态自我评估，可以预测供应链运行过程中可能出现的问题、发现已经存在的或正在发展的问题，并立即采取措施加以控制或纠正。为了尽量减少生产供应与服务中断，要充分应用数据获取技术，执行决策支持算法，有效降低产品供应的中断频率和持续时间，在中断发生后迅速恢复生产供应服务。

自愈供应链可以采用多个可以相互替代的供应链网络设计方式，一旦出现供应链运行故障或发生其他问题，就能通过信息系统确定故障企业，同时跟备用成员企业进行通信，切除故障成员企业，将生产任务迅速地切换到备用的同类生产企业上，确保供应链运行的可靠性、产品质量和交付效率。

三、标尺竞争可以提升供应链的可靠性

标尺竞争理论的中心思想是：引入相同类型的企业，并以此为参照对象，监管企业成本和资金投入分别由类型相同企业的成本和资金投入决定。在标尺竞争监管情况下，价格取决于同类企业的成本，监管企业要想获得较多利润，就要努力使自身成本低于同类企业的平均水平，激励待监管企业提高效率，降低成本，改善服务。最终，待监管企业选择同类企业的平均效率水平，就能达到均衡状态。

智慧供应链正确地运用标尺竞争理论，不用全面了解各成员企业的成本与投入等相关信息。这样，不仅能有效地减少监管机构对被监管成员企业的信息依赖问题，还能解决信息不对称情况下的监管问题。

　　综上所述，未来的智慧供应链可从以上这三个途径出发，达到提升供应链可靠性的目的。

无界零售时代下快消业的供应链升级转型方向

2016 年 5 月，由《物流技术与应用》杂志主办的"第六届中国快速消费品供应链与物流高峰论坛"在安徽省马鞍山市隆重召开。此论坛自 2011 年创办以来，每年召开一届，针对市场需求变化，紧跟行业发展脚步，是业内人士热捧的行业盛会。

随着"互联网 +"时代的来临，销售渠道多元化，市场竞争进一步加剧，消费者对快速消费品的品质要求也越来越高，消费的习惯和行为也悄然发生变化，零售行业的供应链体系和物流体系必须紧跟市场变化。

不同于以往的是，"第六届中国快速消费品供应链与物流高峰论坛"和中国仓储与配送协会主办的"第十一届中国仓储业大会"以及"第八届中国保税物流发展论坛""智慧仓储与电商物流发展论坛""工商企业库存管理论坛"同期召开，由《物流技术与应用》杂志作为以上全部会议的承办单位。这充分显示了业内对于"中国快速消费品供应链与物流高峰论坛"及主办方《物流技术与应用》杂志的高度认可。

一、行业发展遇拐点

要想探索快消品供应链与物流的发展变革之路，必须对快消品行业发展现状有明确的认识。在中国经济发展放缓的市场环境下，快消品行业受到较大影响，同样需要进行不断的调整。

与此同时，在"互联网+"时代，随着电商、微商、全渠道销售的快速发展，对传统的企业经营运作模式带来巨大冲击。概括来讲，当前快消品行业呈现出以下四个趋势：

1. 行业发展整体低迷，面临供给侧改革。如今，零售企业销售压力增大，控制库存要求强烈。据悉，2015年中国快消品行业增长率低于预期，利润率更是严重下滑，50%的企业遭遇"双降"。在这种情况下，理性的发展策略必然是保证利润、控制规模、谨慎发展，逐渐提升供应链优化和控制库存技术的需求。

2. 行业并购态势延续，企业产生供应链与渠道整合、重建需求。这两年，随着行业间的并购及重组速度加快，乳品行业、啤酒、洗手液及洗衣粉等行业的集中度将进一步提高，行业格局可能出现"哑铃型"结构。即：顶端的特大型企业和末端有特色的微小型企业才有生存发展空间，而中型企业受利润、规模、成本等因素的影响，面临被并购或者重组的命运。这种现象在乳品及啤酒行业尤为突出。而企业的重组，必然要求供应链与销售渠道的整合、重建，从而达到提升效率、降低成本的目的，否则并购的效果将受到影响。

3. 进口商品进一步占领市场，跨境电商快速崛起。根据中国海关发布的相关数据，2013～2015年中国进口快消品增长率达到47%。中国消费者出于对商品品质和安全性的追求，对进口商品十分追捧，这在母婴用品领域表现尤为明显。除此之外，比较畅销的进口快消品还包括乳品、保健食品、啤酒、红酒及个人护理用品、化妆品等。我国政府顺应消费者需求，大力推动跨境电子商务业务，使得这两年跨境电商得到快速发展。

4. 快消品的销售主要是依靠价格驱动，尤其是在线上销售部分，消费者仍然十分重视价格因素。快消品生产和零售企业必须认识到，要想获得长远发展，就要努力挖掘蕴藏在供应链和物流中的潜力，进一步降低运营成本，对物流系统与物流服务优化产生需求。

二、深挖供应链物流优化潜力

在行业调整和市场变局中，快消品生产与零售企业都要从自身需求出发积极采取措施应对变化。

在经济增速放缓压力下，快消品行业要落实供给侧结构性改革的要求。企业不仅要重新考虑发展策略，由做大变为做强，还要进行结构调整，将资源集中到优势业务中，砍掉不良业务。目前，快消品物流面临着三大新挑战：去产能、去库存；快速生产、高效流通、高速周转；物流路径、MOQ（最小订单量）、RDC（区域分发中心）布局与运营管理等。

快消品企业需采取五大物流策略应对挑战：1. 聚焦目标市场，主推超级产品，并依据销售任务调整生产布局和产品线。2. 根据调整后的布局，重新制定供应半径和库存周转指标。3. 提高工厂直发率，减少周转环节，降低产品破损率。4. 提高MOQ，降低物流运输单位成本。5. 采用高规格立体仓库，提高物流作业效率。

苏宁在完善物流网络、提高配送时效与准点率、实现多样化的最后一公里配送的同时，不仅成立了专门的项目部，全面推广使用标准托盘，还积极开展货物从工厂至苏宁仓库的带板运输，实现了交接的单元化和标准化，有效提高了物流效率，目前苏宁租赁标准托盘数量已突破 10 万片。

无独有偶，沃尔玛与 1 号店也加快实现供应链整合，具体包括：1 号店借助沃尔玛海外供应商资源，部分进口商品实现海外直采；沃尔玛 APP 和山姆会员店订单交由 1 号店配送，1 号店消费者订单可以到沃尔玛门店自提；利用沃尔玛超市的闲置空间开设 1 号店的配送站，实现仓库和配送站的无缝对接等。如此，不仅实现了双方优势互补，物流成本下降，也给消费者带来便利。

三、新技术与服务满足市场需求

针对快消品行业在转型升级中供应链与物流方面存在的问题，物流服务企业与技术装备供应商应该积极提供创新的思路、技术、解决方案和运作模式，满足快消品企业的发展需要。

同时，物流行业也要通过供给侧改革进行转型升级，解决物流基础设施供给规模、布局和供给质量方面的问题。（1）仓储建设中，要加强规划引导、合理布局建设；（2）调整优化物流供给结构，压缩过剩低端物流服务，大力发展专业化和标准化现代物流服务；（3）引入"互联网+"等新技术，整合物流服务资源，拓展物流服务项目。

在新技术与市场需求推动下，创新的物流服务与运营模式层出不穷。

以"中仓网"为例，该公司是中国仓储与配送协会和中铁物流集团联合开发运营的新型仓储服务平台。不仅可以为消费者企业提供仓储设施匹配服务，消费者还能在这个平台上找到其他增值服务，如仓配一体化、物流金融等服务。此外，中仓网还推出了"进仓储＋卖场全国联网"模式，将仓储卖场模式推广到了整个仓储行业，通过增加品牌商的销售渠道，激活商品库存，增加消费者黏性，实现一地入仓、全国仓卖。

总之，为了提高物流效率，降低物流成本，就要使用先进的物流系统和技术装备，重视并加快采用先进技术来改善物流运作管理。

从京东物流"双11"革新看供应链创新解决方案

"双11"本来是个简单的光棍节，自2009年起被阿里赋予了一个新的节日，那就是网购狂欢节。

经历了七八年网购狂欢的洗礼，"双11"已经彻底变成电商的大促节日，可是随着消费结构的不断升级，以及消费者对于以往"双11"购物体验的差评，网购已经趋向理性化。一面是预约的假狂欢，一面是秒杀的真狂欢，个中滋味自然无法体会。

一、超级秒杀日

从京东"双11"首战的海报中可以看出，提升物流配送服务和购物体验是"双11"主要方向，京东用自己的行动重新定义了"双11"的时间节点，通过持续不断的促销活动，将"双11"定义为11月的网购盛宴，有别于阿里只为11日当天的网购狂欢。

2016年11月1日，京东"超级秒杀日"开启了11月网购盛宴的首场活动。共举办了三大秒杀专场：单品秒杀，每两个小时更新一场，每场推出80个全新单品；超级单品秒，111 款精选好物，0 点准时开秒；品牌秒杀，上千大牌低价齐聚，尽情秒杀。

跟天猫的预售模式比起来，京东在"双 11"首日就上演了异常大规模的全天全品类低价秒杀活动，不仅在客户体验上给消费者预留出更多的选择空间，还实现了消费者的理性消费回归。京东大数据显示，京东的"双 11"购物季举措得到了消费者的全面响应，"超级秒杀日"全天累计售出商品件数为上年同期的 10 倍，全天共为消费者节省 28 亿多元。

伴随着消费额不断升级，3C、家电品类依然占据着主流消费市场，同时消费结构也在从生存型消费向享受型、发展型消费转变，带来了新的消费观念。"双 11"首日京东的超级秒杀活动，彻底打乱了阿里固守 11 月 11 日疯狂折扣的梦想，为消费者带来了首个购物高峰。"双 11"用超级秒杀的方式，提前将消费者带入购物的狂欢，2~12 日依然有低价好物轮番上阵，"双 11"被京东重新定义。

二、"双 11"没有必要是一天的狂欢

随着电商竞争的日益激烈，电商平台的打折促销活动真可以说是天天有时时有。

物流配送服务的日益完善，以京东为代表的当日到和次日达，已经让网购趋向常态化。而"双 11"，对于消费者和商家来说，也不再仅仅局限于 11 月 11 日当天的促销活动，京东正在努力尝试将"双 11"定义为 11 月的网购促销季，让消费者在一个月的时间里消化低价网购的需求。

京东的成长衬托出阿里的无限疯狂，作为"双11"开创者的阿里，对11月11日保留着一定的初恋般的回忆，可是随着消费结构和电商服务的升级，"双11"不再只为零点那一秒冰冷的数字而存在，而是成了一个促销周期，激发了全球消费者的购物需求。

每一年的"双11"，都是一次商家狂欢的盛宴。可是，即使在大数据技术已日趋成熟的今天，商家依然面临着很多问题，比如：如何有效备货；如何跟消费者进行最直接的沟通；如何实现物流效率最大化；如何打破线上线下的贸易壁垒，让物流、信息流、商流等更加便捷顺畅互通，最大效益地将流量、服务转化成购买力等。

三、全国覆盖 + 智慧驱动

京东物流发展至今，已经形成了一张遍布全国的网络。单就布局来说，中小件、大件物流，全国区县100%无死角覆盖的庞大渗透量，就让京东拥有了普通电商无法企及的反应速度。再加上大数据的运用，更让京东物流如虎添翼。

2017年京东物流集团联于京东Y事业部，打造了名为"诸葛·智享"的智慧供应链商家开放平台，借助数据共享的前提，通过算法，形成数据决策来帮助商家建立起自己的数据模型，帮商家进行销售和补货的预测，提升了商家的销售效率。

在"双11"的备战中，京东物流同样配合了大数据的预测指导，每个站点与商家都进行了更科学的配货，可以说每个配送中心都是一个小型的人、货、场中心。

有了密集的物流配送覆盖，有了高效的智慧供应链驱动，京东物流就能为消费者提供个性化物流配送方案，乃至具有掀起行业变革的能力。

四、服务为本＋全面创新

随着消费升级的来临，消费者对物流也提出了更高的要求。以往消费者的信息来源渠道单一，对电商物流的需求仅停留在"准点送达"或"快速送达"上，但随着消费升级趋势的不断加强，个性化需求不断增加，每个消费者都需要制定一种配送方案。已经拥有全国配送网络的京东，提出了更加从容的解决方案。

首先，启用了智慧物流中心。2017年"双11"期间，京东在全国运输枢纽中启用了13个"亚洲一号"智慧物流中心。其中，首次曝光的全球首个全流程无人仓极为震撼，仓内实现了自动化，智能化设备覆盖率为100%，大大提升了订单的处理能力。

其次，无人机配送航线的诞生。京东开通了数十条无人机配送航线，甚至无人轻型配送货车也已在指定路段进行了路试。

此外，京东还投入使用了20万个智能保温箱，在全国搭建起首个建立"0断链，0腐损"行业标准的平台，给生鲜爱好者带来了福音。

在2017年的"双11"大战中，农村消费者最快3小时就能收到货品，为京东的渠道下沉带来了极大的优势。其他创新点还包括大数据统筹、与沃尔玛实现"库存互通"、入仓绿色通道的建立等。

这些措施前所未有，不仅是京东"双 11"高时效的有力保障，更是京东物流全面创新的最佳证明。2017 年"双 11"，京东物流不仅颠覆了物流圈，更引起了行业标准的变革，提高了消费者满意度。相信在不远的未来，京东物流依旧会在更快、更好地提升消费者消费体验的这条路上，带给我们更多的惊喜。

第九章

行业标杆：看零售巨头如何从高调对抗转向理性合作

京东、腾讯联合推出"京腾无界零售"解决方案

在 2017 年 10 月 17 日举行的"京东零售创新战略暨 11·11 全球好物节启动发布会"上，京东集团与腾讯公司宣布：将联合推出赋能品牌商的"京腾无界零售"解决方案，借助腾讯社交、内容体系和京东交易体系，为品牌商打造线上线下一体化、服务深度定制化、场景交易高融合的零售解决方案。这也是京东提出无界零售理念后，推出的全面赋能品牌商的解决方案。

这个解决方案最大的亮点就是，基于消费者在京东上的交易习惯、腾讯对消费者社交行为特征的深度洞察和品牌商的线下购物数据，为消费者定制高水平的营销活动与服务。而"京腾无界零售"解决方案会建立一个高效、精准、安全的大数据库，将消费者洞察统一起来，更加精准地开展营销活动，比如：使用京东发放的优惠券，可以在其线下门店核销，也可以在其微信商城购物；同时，这也为消费者提供了极大的便利，消费者既能在品牌商线下门店办理的会员卡、积分和优惠折扣，也能应用在京东商城的旗舰店和微信的购物场景中。如此，消费者在多渠道中不再有割裂的

体验，也能帮助品牌用更有效的方式与忠诚消费者实现沟通和连接。

此前，围绕零售行业线上线下融合的各种解决方案和概念层出不穷，但都没有解决数据无法融合、场景无法贯通和交易无法同步等三大难题。未来消费者在购物时，能同时拥有线上多样性、便利性的优势和线下的切身体验。无论消费者处于哪个场景，都能拥有高度一致的服务体验，都能清晰感知品牌形象。与此同时，"京腾无界零售"充分发挥多方的优势，为消费者提供了更加丰富、精准、个性化的信息资讯。

腾讯的连接能力和京东的交易、履约能力，恰恰能帮助品牌商结合线下能力完成走向无界零售的最后一环。

在京东所倡导的无界零售中，需求个性化、场景多元化、价值参与化将是三大核心。未来，"京腾无界零售"将帮助每个品牌真正解决购物场景即时化、碎片化所带来的信息孤岛化问题。另一方面，相同爱好、标签相似的消费者，可以根据自己的兴趣方便地聚集在一起形成社群，从内容创造、设计参与、决策参谋、体验分享、到品牌传播等各个环节，深入地与喜爱的品牌产生互动，与品牌一起创造价值。

京东和腾讯联手打造的"京腾无界零售"解决方案，通过数据赋能的手段反哺品牌商，真正成为品牌数据赋能者而非掠夺者，帮助品牌商解决了线下增长乏力、线上营销过度等困局。

京东发力赋能品牌商、构筑差异化零售新优势

随着零售革命的到来，京东的战略必然会从"一体化"走到"一体化的开放"。京东的各种营销、数据、技术、物流、金融等能力能像积木一样自由拼接，全面向品牌商进行开放赋能。对于与家电企业的合作来说，京东从零售平台向服务平台过渡，打开了供应链中的每一个链条，变成了一个开放平台，让整个行业共享京东的资源和能力，帮助所有家电企业实现了共生、互生、再生等良性增长。

2017年"双11"期间，京东联合腾讯共同面向品牌商推出了"京腾无界零售"解决方案，打通了双方消费者在京东上的交易数据、腾讯体系内的社交数据、线下的行为数据，打造了一个账户深度融合、权益实时互通、全场景促销、全平台交易的完整闭环，为品牌商提供了一份完美的零售解决方案，大幅提升了品牌商的营销效率和利润水平。

如今，消费主权时代已经到来，消费特点呈现出三大趋势：需求个性化、场景多元化、价值参与化。京东超市在战略上的全新升级，顺应了零售革

命趋势。具体来看，京东超市将以五大优势全面赋能品牌商，服务消费者。

一、以大数据、人工智能为基础，打造购物场景

未来，单一的线上渠道难以满足品牌商和消费者的需求，突破渠道单一性、品类简单等问题成为电商平台的最佳解决方案。对此，京东超市打造了丰富的购物场景：如京东和沃尔玛合作，逐步打通双方的消费者、门店与库存。

京东还在全国 21 个省份运营或筹备了上百家母婴体验店，未来三年京东母婴体验店的数量将超过 5000 家。此外，京东还有京东之家、百万便利店等融合线上线下的运营模式。

所有场景都以京东的大数据、人工智能技术为基础。每个门店的选品都是基于当地消费者的购物习惯和兴趣喜好。消费者进店后，店面会分析消费者的兴趣关注和停留时间，精准进行货品的二次迭代。

二、为品牌提供以技术为驱动的最优的供应链解决方案

目前，京东的智慧供应链已形成覆盖"商品、价格、计划、库存、协同"等五大领域的智慧供应链解决方案，能帮助品牌商实现商品库存最优部署、最优定价、最短距离、最低成本、最高效率配送。比如，雀巢和京东启动"联合预测与补货"项目后，雀巢的"订单满足率"从 60% 提高到 87%，平台"产品有货率"从 73% 提高到 95%。仅现货率这一指标，就能够促使雀巢每年提升超过 3000 千万元的线上销售。

三、加大物流投入布局，让消费者对商品触手可及

截止到 2017 年，京东是全球唯一拥有中小件、大件、冷链、B2B、跨境和众包（达达）等六大物流网络的企业，覆盖到全国 2691 个区县和 99% 的人口，52% 的订单 6 小时内可完成交易，92% 的订单在 24 小时内完成交易。京东物流的京准达服务已覆盖 246 个城市，可实现 2 小时内的精准预约送达服务，部分城市甚至可以精准到 30 分钟。同时，京东物流还推出了 211 限时达、京尊达、夜间配、长约达等个性化服务产品。

可以说，目前京东的物流网络完全可以满足京东超市消费者的不同需求，品牌商只需要把精力聚集到产品研发和创新，仓储、物流、售后等环节完全可交由京东来完成。

四、深度参与商品前端环节，强化商品运营

京东超市通过"新品加速计划""商品包销／反向定制""跨品类合作""品质溯源"，深度参与商品运营。"新品加速计划"可协助品牌商在可行性分析、新品孵化、验证期、爆发期等不同阶段匹配合适的资源。

在"商品包销／反向定制"方面，雅培专门为京东定制开发了专有产品小安素 3 罐装，自 2017 年 3 月份上线以来销量快速增长，"6·18"期间获得了京东该品类销售额第一。基于区块链技术开展的"品质溯源"项目正式启动，京东超市和惠氏、洋河、五粮液等众多品牌商合作，实现了商品全程品质可追溯。

五、以客户体验为核心，深度运营消费者

针对新消费者，京东超市强化了站内精准投放和异业合作，加大了站外跨品类营销和自动拉新的力度；对于老消费者，京东超市通过智能化推荐和跨品类活动，提升复购转化；对于 PLUS 会员，他们能享受到更多的专

属产品定制和专享活动。截止到 2017 年，京东超市共有 21 万个 PLUS 专属商品，品类勋章消费者今后可参与的活动有：跨品类的勋章秒变活动、领取跨品类优惠等。

为了更好地服务三四线城市的消费者，京东超市还启动了"超市百城行"活动，覆盖全国七大区域上百座城市，面向三四线城市消费者进行让利促销。

在"无界零售"指引下，京东超市对未来的规划已然清晰，在积累了采销、物流、营销、售后服务等各环节丰富经验的基础上，结合京东平台强大的营销、技术、供应链能力，与品牌商携手突破创新，必将为行业及消费者创造更多的价值。

巨头投资新达达，新达达的无界零售看点在这里

2016年4月达达与京东到家合并组成新达达，8月完成全部项目的交接。同年6月沃尔和京东达成了沉度战略合作。10月，沃尔玛战略投资新达达5000万美元（相当于3.36亿元人民币）。之后，新达达的物流配送与沃尔玛中国的实体门店进行深度合作。京东和沃尔玛相互借势，与阿里、亚马逊争夺商超市场。

一、新达达与京东

达达此前以众包物流起家，为第三方提供配送服务。双方在合并之前，达达一直在业务层面与京东到家竞争。数据显示，合并前达达已经成为国内第一大众包物流平台，日订单量超过百万，消费者包括美团、饿了么、百度外卖等。然而，随着美团、饿了么等开始自建物流，达达的日子逐渐不太好过。

与此相比，京东到家被称作京东集团最重要的业务之一，京东到家成立后，刘强东曾亲自负责这块业务。在2015年，京东到家日订单量达到10万。

第九章 行业标杆：看零售巨头如何从高调对抗转向理性合作

然而，京东到家业务本身一直烧钱补贴且长时间难以看到盈利。

2016年4月京东集团旗下O2O子公司"京东到家"与达达进行合并，组成新达达。京东集团拥有新公司47%的股份并成为单一最大股东，合并后的新达达拥有众包物流平台及超市生鲜O2O平台两大业务板块。

其中，众包物流平台整合原有达达和京东到家的众包物流体系，并继续使用"达达"品牌；O2O平台则会继续沿用"京东到家"的品牌。而原达达CEO蒯佳祺（Philip）出任新达达的CEO，原京东到家总裁王志军出任新达达的总裁。

二、折射出沃尔玛乃至整个线下零售业的电商化需求

在电商化带来的全球性冲击中，即使是沃尔玛这样的世界500强巨头，也无法避免被波及的命运。仅以中国市场举例，数据统计，相较2012年，2015年在亚马逊中国开店的中国卖家数量增长了13倍，2016前三季度销售额较上年同期翻倍。相比之下，虽然沃尔玛也顺势推出了自己的APP"沃尔玛"，并收购1号店加强线上渠道，但其结果却不尽如人意。

面对市场的高度发展，以及和竞争对手之间逐渐拉开的差距，沃尔玛的高层已经意识到，在海外市场通过自建电商平台不一定是最佳策略。战略投资新达达的连续布局，在一定程度上也意味着，沃尔玛在华电商战略将全面转入以合作为主的新时代。

三、投资新达达，沃尔玛走了一着"妙棋"

从某种层面来说，放弃自建平台，选择以合作的形式与新达达和京东实现业务对接，或许是沃尔玛在华电商化战略迄今为止最为明智的一着棋。

实体企业电商化所带来的好处，无外乎四点：流量、仓储、长线物流和短线配送。其中，线上流量一旦实现规模化，其获客成本就会远低于线下实体门店，而线上下单、统一配送的销售模式，则又会大大降低企业对于门店及其背后所涉及的仓储、长线物流等要素的依赖。

简而言之，企业对门店的依赖性大大削弱，进而节省一大笔开店和运营支出成本。但对沃尔玛这种大型实体零售连锁企业来说，这些"利好"显然是说不通的。

作为全球最大的线下零售连锁企业，沃尔玛的业务核心本身建立在线下门店的基站式覆盖上，短期内并不存在大幅更改的可能性。况且，在长达数十年的线下经营过程中，规模化带来的仓储和物流成本降低，本身也已经成为沃尔玛最重要的优势之一，并不需要再依靠第三方额外力量进行补足。

在这种情况下，抛弃已有的仓储和物流优势去打造线上平台，无异于舍本逐末，这是兵家大忌，也是早期沃尔玛电商化屡屡受挫的主要原因。

四、沃尔玛缓解关店危机

沃尔玛对新达达的投资意图从其官方回应中就可以看出一二。

通过这次合作，新达达的 O2O 平台及众包配送服务跟网上消费者和沃尔玛线下门店实现了连接。这意味着，在沃尔玛看来，新达达既要为沃尔玛的线下门店引流，还要发挥在最后 3 公里的配送优势，盘活沃尔玛线下门店。也就是说，新达达是沃尔玛获取流量、连接消费者的关键资源。

在美国，2016 年 8 月沃尔玛完成了对美国网络折扣零售商 Jet.com 的收购。在举行的沃尔玛年度投资人大会上，该公司还下调了来年的盈利预期，一年后在电商建设共投资 110 亿美元，同时放缓了开店速度。

其实，沃尔玛在 2015 年营收数据并不好看，截至 2016 年 1 月 31 日，2016 年度营业收入下滑 0.7%，净利润同比下降 7.2%。加上此次布局新达达，在一系列的泛电商和 O2O 领域的布局背后，沃尔玛的目的显而易见——获取新增流量。这也是这一传统的零售巨头应对移动电商和 PC 电商的迅猛冲击危局的策略。

此外，新达达还盘活了沃尔玛原有的线下资产，减缓了关店潮。资料显示，2016 年 1 月 15 日沃尔玛对外宣布将在全球范围内关闭 269 家店铺，其中美国本土店 154 家、海外市场 115 家，关闭的这些店面占总店面数量的 2.32%。

来自京东到家的流量，不仅能增加线下门店的活跃度，还能发挥沃尔玛自身在供应链管理上的效率优势。对于传统商超巨头沃尔玛来说，生鲜领域是其维系流量的重要法门，得到新达达的众包物流能力，沃尔玛的门店能更好地服务最后 3 公里的消费者，提升线下业绩。

五、新达达可度过寒冬

对新达达来说，得到沃尔玛的投资，好处是不言而喻的。

1. 有效缓解基本危机。沃尔玛战略投资新达达 5000 万美元，相当于 3.36 亿元人民币，这笔钱的数目已然不小，在资本遭遇寒冬的大环境下，新达达借此可以很好地过冬。

2. 更多的沃尔玛中国实体门店将独家介入京东到家。目前，广州、深圳等地的 20 多家沃尔玛门店已经介入京东到家平台，并由新达达负责全部订单的配送。未来，双方合作城市将进一步扩展到北京、上海等更多的城市，同时新达达配送的业务量也会随之增加。

3. 丰富京东到家平台商品品类，借力沃尔玛供应链优势。截止到 2016 年 12 月 31 日，沃尔玛在中国 189 个城市开设了 439 家商场，很多自营品类广受消费者欢迎，如果国内实体店都入驻京东到家，必然会丰富京东到家平台上的商品品类。

此外，沃尔玛多年深耕零售业务，供应链优势明显，双方合作的想象空间将很大。

惠普联手京东，打造无界零售战略合作
国际品牌

2017 年 10 月 23 日惠普公司众多高管在全球 CEO Dion Weisler 的率领下来到京东，与刘强东进行了会面，并与京东集团正式签署了"惠普—京东无界零售战略合作协议"。该合作协议包括：用京东大数据帮惠普为中国消费者定制产品，在京东之家和京东专卖店等无界零售终端开设惠普商用专区，京东物流体系全面支持惠普，在多个领域开展深层次技术合作等。

此次合作，京东将发挥自身在零售基础设施上的领先优势，运用"无界零售"解决方案赋能惠普，全力助推惠普和京东在中国市场的合作再升级。

第一，京东在供应链领域的技术创新将全面应用于惠普，促进惠普进一步提升品牌竞争力；京东的零售基础设施能力将全面为惠普各个环节提供服务，例如：双方合作打通物流体系，京东为惠普官网提供物流支持，进一步升级优化惠普官网的基础配套设施和配送时效；在 SMB 商用消费者合作上，京东整合优势资源，为海量中小企业提供一站式商用采购平台，结合惠普商用多年优异的产品力和领先的服务能力，形成优势互补的商务生态链。此外，京东还对平台大数据和消费者的消费习惯进行了深度挖掘，为惠普产品的研发和设计提供支持，帮助惠普产品实现升级和反向定制，助推惠普打造出更多符合消费者需求的爆款产品。

第二，在京东之家零售创新体验店合作的基础上，京东与惠普合作推出了特定场景模块，与消费者实现直接互动。同时，惠普新品在京东之家保持与线上首发"智能同步"，让惠普新品及时有效地触达线下消费者，进一步提升惠普的品牌力及销售力。

第三，暗影精灵系列产品与京东达成了全球独家发售的战略合作。同时，双方还在家用打印市场进行了探索和合作，通过新品首发、独家包销等多种方式，打开了家用打印市场。

第四，在双方签署新的战略协议之后，京东将把大数据、供应链、物流、营销等零售核心环节当中的每一个板块都向惠普进行全面开放，针对不同的产品系列打造组合式的一体化的解决方案，帮助惠普大幅降低成本、提升效率，并在任意一个面向消费者的零售界面都能收获最好的客户体验。

后记

未来的零售一定是无界的！

通过前面的内容，相信各位一定对无界零售的相关知识有了一定的了解和认识，但对零售企业最有效的方法还是：将学到的知识内化为自己身体的一部分，学以致用，取长补短。

任何知识的学习都离不开实践，无界零售的学习同样如此。为了更好地促进企业的发展，就要以此书为中心，不断扩展相关方面的知识，不断实践。唯有如此，才能真正提高企业生产力，而这也是笔者撰写此书的目的所在。

对于读者来说，此书仅仅是个引子，真正的努力还在于读罢此书后的知识扩展和营销实践。撰写此书的过程，也是一个资料收集整理的过程，而很多新资料都曾引发过笔者的思考，虽然很多思想已经囊括在了书中，但也无法涵盖全部。在今后的学习和实践中，如果你们遇到了问题，完全可以跟笔者联系，咱们一起来探讨。

名家智慧

学会销讲密码，胜过千军万马
阿里加教育投资集团 阿里加销讲成交导师 李骏缘

食疗文化和食疗的应用为国人健康、长寿发挥了极大作用
华林集团酸碱平 DDS 股份有限公司 技术市场营销总监 周月红

只要方向选对，创业真实很简单
华林集团酸碱平 DDS 股份有限公司 高级技术总监 张泽涛

让天下创业成功更简单
阿里加教育集团 创业实战导师 祝楷博

付出不一定有回报，但付出是惟一出路
吴晓妍

建筑装饰让家和生活环境更加舒适美丽！
家美丽建材中心广州旭辉建材有限公司 胡斯学

点点机械，工程机械后市场互联网领先品牌
成都市鑫汇川科技有限责任公司 总经理 杨雷

希望每一位客户买的车都是因为喜欢而不是便宜，就像
开始一段婚姻是因为爱情而不是凑合

贵州路歌汽贸　总经理　陈倩

保险让生活更美好
泰康让保险更美好

泰康人寿保险有限责任公司贵州分公司　经理　杨环宇

莱匠·为美执着

广州市帛卉化妆品有限公司　朱丽叶

让经络实现可见可测，让健康变得有理可循

香港天禄生命信息科技有限公司　董事　吴小英

七彩人生·身心灵健康服务平台

色彩心理分析师　悠然

厚德七彩、载物人生

国色天香生命能量加油站

好书！大家好！好精神

丹阳正方纳米电子有限公司　联合创始人　总经理　刘柚

坚持努力一切都有可能

亲和体控管理有限公司　总经理　高伟

性格决定命运，气度影响格局

广州创蚁网络科技有限公司 副总 杜赫源

聚集点滴力量，合作共创天下

广州聚合传媒有限公司 董事长 陈宏博

只要有一丝希望，都要坚持到底

昆明点善正科技有限公司 总经理 杨艳

坚持自己所坚持的，胜利属于坚持到最后的人

上海酷界科技有限公司 总经理 李佳辉

人在旅途，遇见更好的自己

丹阳正方纳米电子有限公司 联合创始人 总经理 刘柚